ISBN 978-0-282-79336-4
PIBN 10406624

English
Français
Deutsche
Italiano
Español
Português

www.forgottenbooks.com

Mythology Photography **Fiction**
Fishing Christianity **Art** Cooking
Essays Buddhism Freemasonry
Medicine **Biology** Music **Ancient
Egypt** Evolution Carpentry Physics
Dance Geology **Mathematics** Fitness
Shakespeare **Folklore** Yoga Marketing
Confidence Immortality Biographies
Poetry **Psychology** Witchcraft
Electronics Chemistry History **Law**
Accounting **Philosophy** Anthropology
Alchemy Drama Quantum Mechanics
Atheism Sexual Health **Ancient History**
Entrepreneurship Languages Sport
Paleontology Needlework Islam
Metaphysics Investment Archaeology
Parenting Statistics Criminology
Motivational

LE VERE LODE DE LA INCLITA ET GLORIOSA CITTÀ DI FIRENZE

E VERE LODE DE LA INCLITA

T GLORIOSA CITTÀ DI FIRENZE

OMPOSTE IN LATINO DA LEONARDO

RUNI E TRADOTTE IN VOLGARE DA

RATE LAZARO DA PADOVA ❧

CON PREFAZIONE DI FRANCESCO PAOLO

UISO ❧ ❧ ❧ ❧ ❧ ❧ ❧ ❧

a EGISTO DEL FUNGO GIERA, nel giorno delle sue nozze con la nobile Signorina DOLORES MARIA PARRAVICINI, bene augurando, offre

F. P. LUISO.

Firenze, 5 Gennaio 1899.

PREFAZIONE

—

M'immagino che i pochi lettori, a' quali questo volumetto sarà inviato come ricordo di nozze, ben presto si annoieranno delle magnifiche frasi e delle ampollosità con cui sono qui celebrate le lodi dell'antica Firenze. Anche i più curiosi, vinti dalla uniforme intonazione retorica, forse chiuderanno il libro prima di giungere alla fine, pensando che avre' io fatto meglio a lasciare nell'oblio delle ingiallite pergamene tanta inutile pompa di parole. A prevenire un tale giudizio, cui non condannerei quando si riferisse a sfoggi di più recente retorica, è opportuno che io cerchi di porre nella sua vera luce questo Panegirico fiorentino: così avrò giustificata, oltre l'opera mia, la fatica di quel buon frate

Lazaro da Padova, al quale parve cosa molto degna e conveniente adoperare il suo ingegno nel tradurre l'*elegantissimo trattato* di messer Leonardo, « acciò non solo li huomini litterati et dotti, ma ancho li indotti et semplici possino il suo splendore et excellenzia cognoscere ».

L'opera si divide in tre parti. Dopo il consueto preambolo sull'importanza dell'argomento e le difficoltà del cominciare, la prima parte contiene le lodi della città e de' dintorni. Posta tra il monte e il piano, e così libera da' venti della montagna e dalle nebbie della pianura, godesi Firenze d'una meravigliosa suavità d'aria. Una bella corona di mura cinge la città, in cui non sai che cosa più devi ammirare, o lo splendore delle chiese, o la comodità delle abitazioni private, o la nettezza delle strade, o la magnificenza de' palazzi. Tra' quali sorge al cielo maestoso il palazzo del comune, che a tutti gli altri sovrasta e che all'aspetto dimostra essere l'abitazione de' governatori: « come in una armata di mare la nave del capitano suole essere tale, che apertamente si intende in quella essere la persona di colui che è capo et governatore di tutti ». E il fiume che scorre in mezzo alla città non è agevole a dire se dà più utilità che piacere. Quattro grandi ponti di pietra viva congiungono le due sponde, e dall'una e dall'altra parte sorgono le case delle antichissime famiglie, alcune su 'l fiume, altre alquanto da esso dilungate. E le bellezze di Firenze non sono tali che esaminate attentamente perdano della lor prima apparenza, come avviene delle altre città; essa invece scopre sempre nuove e recondite meraviglie a chi la visita da attento investigatore, e non come *incalciato et af-frettato viandante*. Nè le sue magnificenze sono raccolte e adunate dentro le mura; tutto il paese intorno è sparso di splendide ville, che empiono i monti i colli e il piano, quasi fossero cadute dal cielo e non fabricate per mano di uomini. Sì che di questa magnifica e splendidissima città « avegna la fama sua et il riporto delle genti facci altrui con meraviglia grandissime chose ymaginare, tuttavia quando poi con li ochi la vede et con la mente considera, senza comparacione molto maggiore istima fae di quella et del suo potere, che prima non avea ymaginato »; anzi solo quelli che hanno visitato Firenze non si meravigliano delle grandissime cose fatte da questa città, e la giudicano sufficiente e degna ad acquistare il dominio e l'impero di tutto il mondo. Alcuni potrebbero osservare, che manca a Firenze qualche perfezione per non essere posta sul mare: costoro non sanno che la vicinanza del mare è più di danno che di vantaggio. Platone ateniese, principe di tutti i filosofi, giudicò non poter esser felice una città marina, perchè se la vicinanza del mare è utile al commercio, essa pur rende l'aria malsana e per gli spessi mutamenti è causa di molte malattie; senza dire de' pericoli di assalti e distruzioni per opera di nemici vicini e lontani. E perciò molto prudentemente Firenze s'è dilungata dal mare, e come regina siede nel bel mezzo d'Italia, in purissimo aere, tra il Tirreno e l'Adriatico, godendosi senza incomodità i vantaggi dell'uno e dell'altro mare.

Seguono le lodi de' cittadini, le quali empiono le altre due parti del Panegirico. I Fiorentini non hanno avuto per progenitori profughi o banditi o forestieri, ma il popolo romano vincitore e signore di tutto il mondo; onde a loro per ragione d'eredità spetta questa signoria, e giuste sono tutte le guerre che essi fanno o per difendere, o per riavere quello che a loro appartiene. Quando Firenze fu fondata, non erano ancora venuti i Cesari, i Tiberi, i Neroni, peste e sterminio della repubblica; Roma era nella maggior potenza, e nel suo più bel fiore la libertà, di cui tanto s'accesero i Fiorentini, che mai cambiarono le loro libere istituzioni e sempre s'addimostrarono nemici de' tiranni. Le fazioni perciò in Firenze non sono cosa recente; sotto diversi nomi esse perpetuano ancora l'avversione concepita da tempo antico contro gli scellerati imperatori, che spensero ogni seme di libertà e distrussero la repubblica romana.

Discesi dunque da tali progenitori, i Fiorentini non vollero essere indegni di tanta successione e offuscare nell'ozio la gloria paterna; ma pensando che la nobiltà del lignaggio tanto illustra i discendenti quanto essi s'ingegnano di rendersi colla propria virtù degni e preclari, hanno costantemente cercato in guerra e in pace di avanzare tutte l'altre città. Gl'invidiosi e i nemici di Firenze protesteranno e diranno che queste lodi sono false e dette all'unico fine di uccellare la benevolenza e il favore del popolo. L'autore dichiara che una così tenue cosa, come un discorso, non può pretendere alla gratitudine di un popolo numerosissimo; e se pur qualche cosa la sua opera potrà fruttargli, ciò non sarà che l'odio de' nemici di Firenze. D'altra parte costoro se hanno ragioni da opporre, si facciano avanti; ma non ripeschino vizî e colpe di particolari cittadini, poichè la perversità e malizia di pochi non può togliere la meritata lode di opere virtuose a una repubblica intera. Cerchino invece per tutto il mondo, e quando trovino una città che si distingua per qualche virtù, la confrontino con Firenze: questa supera ogni altra e nelle singole e in tutte le virtù insieme. La prudenza de' Fiorentini è quasi proverbiale; la loro beneficenza è attestata da quanti hanno in Firenze una seconda patria, e ne' bisogni sono aiutati di consiglio e di denaro. Ma la maggior virtù, quella in cui si riconosce la progenie romana, è la magnanimità e il disprezzo de' pericoli, di che sono prova i fatti d' armi da' Fiorentini vittoriosamente compiuti, come la presa di Volterra nel 1254, la sconfitta data a' Pisani nel 1256, la resistenza opposta all' imperatore Arrigo VII, la lotta sostenuta per la libertà d' Italia contro il Duca di Milano. Le istituzioni di pace non sono meno ammirabili delle imprese guerresche. L'ufficio de' Signori e del Gonfaloniere, de' dodici buoni uomini, de' Gonfalonieri di compagnia, degli ufficiali forestieri, e per non parlar de' minori, quello de' Capitani di parte guelfa, che è il più importante, tutti sono ordinati in modo che regni sovrana la giustizia, che sia conservata la libertà, e che ogni privato cittadino, difeso da qualunque prepotenza, liberamente possa svolgere le sue belle doti d'animo e d'ingegno. Che Iddio e la santissima Vergine Maria e san Giovan Battista, difendano questa bellissima e ornatissima Firenze da ogni male e avversità.

Come dal breve sunto il lettore intende da sè, ben poche notizie di qualche rilievo offre allo storico questa giovanile

opera del Bruni. La frase, « ma non è opera
da racontare hora sì varie et diverse contencioni, nè si lunghe chose; elle aspettano
il suo proprio tempo, et certo grande, il
quale noi, come io credo, qualche volta
prenderemo et equalmente ciascuna chosa
(*che*) sia da questo populo facta con lèttore
et scripttura porremo a memoria » (p. 38);
attesta che fin da' primi anni del 1400 il
Bruni ebbe l'idea di scrivere una storia di
Firenze; ma solo più tardi, nel 1415, quando
scampato dalle burrasche della curia papale
si rifugiò nella tranquillità domestica, potè
attendere a quell'opera, che gli acquistò
tanta fama presso i contemporanei, e che
i moderni non hanno ancora giudicata nel
suo vero valore.

La citazione delle storie di Tacito (p. 35)
infirma la vecchia idea del Voigt, che « le
Storie di Tacito restassero ignote alla maggior parte degli Umanisti per ben cento
anni di seguito, sino al tempo delle prime
opere a stampa », onde la nessuna influenza
esercitata da Tacito sulla storiografia umanistica.[1] Veramente Tacito è ricordato anche in altre opere del Bruni, come nel *De
studiis et litteris ad dominam Bapti-
stam de Malatestis*,[2] dove non è da ve-

---

[1] G. Voigt, *Il Risorgimento dell'Antichità classica*,
Firenze 1888, v. I, p. 251.

[2] Cod. Riccard. 704, c. 48 r. « Livium dico et Salustium
Tacitumque et Curtium et imprimis Cesarem ».

dere, come vuole il Voigt, una interpola-
zione, ma una diretta conoscenza dello storico romano.

Di qualche importanza è pure la citazione di Platone. [1] L'appellativo di « principe de' Filosofi », dato a Platone; ne' primi
anni del 1400, [2] non è trascurabile per coloro i quali vorranno studiare in tutte le
sue manifestazioni la reazione al medieva-
lismo iniziata validamente dal Petrarca; il
quale in nome di Platone, scuotendo e me-
nomando l'autorità di Aristotile, dette principio a un conflitto che è tra' più importanti
nella storia del pensiero.

Altri indizi di un nuovo modo di pensare e di concepire, di un nuovo stato in-
tellettuale che si va lentamente formando
al contatto della rinascente antichità, furono già rilevati da altri. Nella prima parte
è molto accentuato il principio utilitario
della favorevole posizione di Firenze; vivo
sentimento della natura spira in quel tratto,
dove la giocondità e il riso de' colli fiorentini hanno trovato espressione veramente
eloquente. [3] « Et entra queste chose, li ombrosi boschi et i fioriti prati, dolci rivi,
chiari fonti, et sopra tutto la natura de'

---

[1] Vedi nota 7.

[2] La *Laudatio* cominciata a scrivere nel 1400 fu com-
piuta e pubblicata tra il 1403-1404.

[3] T. KLETTE, *Beiträge zur Geschichte* ecc., Greifswald
1889, II, p. 32.

luoghi a diletto et piaceri disposta. Certamente paiano i colli ridere et pare da loro uscire et intorno spandersi una alegrezza, la quale chiumque vede et sente, non se ne possi satiare; per tale che tutta questa regione si può meritamente riputare et chiamarsi uno paradiso, a la quale nè per bellezza, nè per alegrezza in tutto il mondo si trovi pari ». Il brano in cui si rende ragione del guelfismo di Firenze (pag. 30 e seg.) mostra, secondo la giusta osservazione del Kirner, « quanto si fosse modificato il concetto dell'impero, non più considerato come istituzione destinata da Dio a salute della cristianità, ma come cagione di decadenza e di rovina d'una fiorente repubblica; nè i Guelfi sono i fautori della parte papale, ma appaiono continuatori delle antiche tradizioni libere, ed oppugnatori di ogni potere assoluto e tirannico. In questo cambiamento di concetto non dobbiamo riconoscere soltanto l'efficacia, che potè esercitare sulla mente degli umanisti una città essenzialmente guelfa; ma vi è ancora la naturale conseguenza degli studî classici, pei quali gli umanisti rivivevano quasi nella vita di Roma repubblicana ». [1]

Tolti questi indizî di fatti e di tempi nuovi, la *Laudatio* nel resto è pompa di magnifiche parole, e frasi e similitudini e

---

[1] G. KIRNER, Della *Laudatio urbis florentinae*, Livorno 1889, p. 18.

amplificazioni; è un esercizio di bello scrivere, come l'Autore stesso dichiara a pag. 38: « in veggiendo questa bellissima città et meravigliandomi della sua excellencia, ornamento, nobilità, delle suoi dilicie et gloria, oe voluto provare se nel mio dire potessi tanta bellezza et magnificencia explicare: questa è stata la cagione del mio scrivere ecc. ». Anche i pochi fatti di storia accennati come esempi di virtù militari de' Fiorentini, sono alterati dalle esigenze e dalla intonazione del panegirico, con detrimento della verità storica. Nell' episodio della presa di Volterra (p. 45), il sito del paese dà occasione di colorire le difficoltà in modo che quel fatto d'arme risulti una delle più splendide imprese de' Fiorentini. Quanto diversamente pensasse su questa presa di Volterra un contemporaneo, si ricava da una nota scritta sotto questo episodio nel codice Ashburnham, 1918, c. 19 t., che comincia: « Totum hoc quod de Vulterris dicit orator, falsissimum est et penitus contra rei veritatem etc. ». A proposito dell'assedio posto a Firenze da Arrigo VII, l'Autore narra come i Fiorentini dinanzi alla grande potenza del nemico non si sbigottirono, ma continuarono a vivere come se da nessun pericolo fossero minacciati; sì che l'imperatore ammirando tale magnanimità, si levò dal campo: tanto coraggio e disprezzo de' pericoli i Fiorentini avevano ereditato da' Romani loro proge-

nitori. Nella *Storia di Firenze* invece la
partenza dell' imperatore è spiegata diversamente. « Stette l'imperadore col campo ap-
presso alla chiesa di Santo Salvi circa di
quaranta dì, e vicino alla terra un terzo di
miglio. Finalmente, vedendo che consumava
il tempo invano e che ogni dì nella città
crescevano gli aiuti de' loro amici, all'u-
scita d'ottobre innanzi dì si levò col campo
ecc. ». [1] Così il recente fatto d'arme di Casa-
lecchio (1402), che fu per l'esercito de' Fiorentini più che una sconfitta, una strage
dalla quale sfuggirono solamente « coloro
che con prestezza si ridussono in Bologna », [2]
qui è senz'altro travisato in una solenne
vittoria (pag. 48): con questa vittoria Firenze
avrebbe prostrata la potenza di G. Galeazzo,
che da Milano minacciava di asservire alle
sue mire ambiziose tutta Italia, e avrebbe
costretto il tiranno a domandar la pace.
Veramente solo la morte improvvisa di G.
Galeazzo liberò Firenze e l'Italia da ulte-
riori pericoli. [3]

Faceva il Bruni opera cosciente nell'alte-
rare così i fatti? Sì; e questo io noto non
per toglier merito a un uomo, il quale ha
appunto il gran merito di avere per primo
ritrovato e applicato alla storia lo spirito

[1] L. Bruni, *Istoria fiorentina,* tradotta da D. Acciaiuoli, Firenze 1861, p. 227.
[2] L. Bruni, *Op. cit.,* p. 607
[3] Cfr. *Op. cit.,* p. 607 e sgg.

critico, ma per mettere in rilievo il valore vero di questa sua opera giovanile. Abituati ormai a fiutare ovunque documenti di storia, nella valutazione di un' opera letteraria molto facilmente trascuriamo ciò che dovrebbe per prima cosa imporsi alla nostra considerazione, cioè: **qual** fine ebbe l'autore, e come al fine risponda l'esecuzione dell'opera. Spesso questa ricerca c'illumina in modo da farci ritenere come cosa notevole uno scritto, che altrimenti sarebbe rimasto obliato ne' detriti della produzione letteraria.

La *Laudatio* come solleticava l'ambizione de' Fiorentini, doveva naturalmente destare la suscettibilità e la malvolenza « di tutti l'invidiosi, tutti gli aversarii et tutti quelli che sono mai stati molestati vinti et sconfitti da questa città, o loro o i loro anticessori » (p. 38). L'asserzione che a' Fiorentini, discendenti da' Romani, per ragioni d'eredità s'apartiene la signoria di tutto il mondo, e che perciò le guerre fatte dal popolo di Firenze sono giustissime, in quanto tendono a riconquistare il paterno dominio; questa asserzione doveva suonar male in una città rivale, non meno forte e ambiziosa di Firenze, qual'era Milano. E da Milano par-

tirono le critiche e le contumelie contro il
Bruni e la sua opera laudativa. Lorenzo
Valla che aveva accompagnato a Milano
nel 1435 il suo re prigioniero Alfonso d'A-
ragona, parlando un giorno poco benevol-
mente di questa *Laudatio* con P. C. De-
cembri, pare che non abbia in ciò trovato il
pieno assentimento del segretario di Filippo
Maria Visconti; onde riletta attentamente
l'opera del Bruni, all'indomani confermò il
suo giudizio in una lettera a P. Candido.
« Perlegi *Laudationem* Florentiae Leonardi
Arretini plenam levitatis ac supinitatis, *ut
optime hesterno vesperi dixisse videar:*
ita loquitur ac si neminem responsurum
atque adeo neminem non assensurum
suis ineptiis putaret », e dà al Bruni di
bove di ebete di ignorante. « Vult Florentiam heredem esse imperii populi Romani,
quasi ipsa Roma extincta sit, eandemque
progenitam ab optimis illis Romanis, tamquam posteriores Romani non ab illis pri-
scis originem ducant... Atque ipse quoque
stilus laxus est et fluens et enervatus et
gravitate et ingenio carens multisque in
locis minime latine, ne dicam corrupte, lo-
quens. Vale et hominem levem tua gravitate castiga, et somnolentum tuis vigiliis
excita, et hebetem tuo acumine et pugione
confode et prosterne ».[1] P. Candido dietro

---

[1] L. BAROZZI e R. SABBADINI, *Studi sul Panormita
e sul Valla,* Firenze 1891, p. 75.

questi incitamenti scrisse un Panegirico in cui contrappose alle lodi di Firenze quelle di Milano; ma egli era troppo devoto ammiratore del Bruni per trascendere alle contumelie suggerite dal Valla, e per non riconoscere i pregi e la superiorità del letterato fiorentino. « Nuper — egli scrive verso il principio del *De laudibus Mediolanensium urbis panegyricus* — cum Leonardi Arretini viri in primis docti Laudationem florentinae urbis lectitarem, non tam dicendi ornatum, qui uberrimus illi adest, quam sententiarum vim ac diligentiam admiratus sum ».[1] E con parole di non minor rispetto accenna alla *Laudatio* in una lettera a B. Imperiali e P. Cotta, a' quali manifesta il disegno di scrivere le lodi della sua patria a imitazione del Panegirico fiorentino. « Subit recordatio Laudationis illius elegantissimae, quam Leonardus noster Arretinus in laudem patriae suae edidit; subit et veneratio tam eximii laboris tam honeste collati ab optimo viro in benemeritos cives suos ».[2]

Però il Bruni non lasciò passare sotto silenzio le ingiurie di L. Valla al quale, in una lettera indirizzata all'Arcivescovo di Milano dà addosso con tutte le armi di cui si servivano abitualmente que' gladiatori della parola. « O pecudem! neque enim ap-

[1] T. Klette, *Op. cit.*, p. 106.
[2] L. Barozzi e R. Sabbadini, *Op. cit.*, p. 78.

pellari hominem decet, cui **tam** insensatum iudicium sit. Deinde mandat **ut** me *confodiat et prosternat*. Huic **succurre**, precor, metuo confodi, metuo prosterni; fer opem, **quaeso**, da michi aliquid quo muscas abiciam me invadere parantes, accelera, obsecro. Sed quo vult me confodiat thersites iste. Manu ne? at longe abest. Literis ne? at nobis quoque sunt literae, quibus si certandum erit, haec illius verborum iactantia, quam vana sit, ostendetur ».[1]

E all'Arcivescovo di Milano è intestata un'altra lettera nella quale il Bruni, rispondendo alle accuse del Valla, dà il criterio con cui dev'esser giudicata la sua *Laudatio*. « Le mie opere — egli scrive — vanno per le mani degli uomini più dotti, i quali sono in grado di giudicarle molto meglio che non le giudichi cotesto anonimo sicofanta: egli molto acerbamente riprende quello che scrissi in lode di Firenze per la speranza di guadagnare la benevolenza de' nemici del popolo fiorentino. Io quanto a me non sono solito nè lodare nè difender gli studi miei, ma piuttosto abbassarli, quando altri li lodano. Lasciamo dunque a quelli che sanno, il giudizio non solo degli altri lavori miei ma anche di questo Elogio tanto straziato e combattuto da costui, benchè sia stato scritto quando io ero molto giovine e uscito appena dalle scuole de'Greci. Fu

---

[1] *Epist.*, lib. VIII, 6.

difatti quella Laudatio un passatempo da ragazzi e un' esercitazione oratoria; quindi il giudice onesto deve, come a molte altre cose, così aver riguardo al tempo. L'orazione che Tullio disse da giovine a favore di P. Quinzio non merita la stessa lode di quella detta dopo dallo stesso Cicerone a favore di A. Cluenzio; ma si lodano tutte e due, l'una come di giovine promettentissimo, l'altra come di oratore già fatto. Anche le orazioni scritte dal giovine Demostene contro i suoi tutori, non hanno lo stesso valore di quella ingegnosa *de immunitate ad Leptilem*, nè di quella splendidissima a favore di Ctesifonte, nè dell'altra magnifica e stringente dove accusò Eschine di legazione falsa. Io ero dunque giovine come loro, quando scrissi la *Laudatio;* e pure in essa si posson trovare molte cose che un lettore equo e diligente può, a dir poco, non disprezzare ».[1]

Queste lodi di Firenze furono dunque scritte a fine d'arte, come esercizio retoricooratorio, da un giovine umanista che si provava a trattare eloquentemente nella bella lingua di Cicerone un soggetto moderno: il qual fatto non è di poca importanza per lo storico. Prima ancora del contenuto, fu la bella forma del latino di Livio e di Cicerone che destò con la sua armonia l'amore e lo studio degli antichi

[1] *Epist.,* lib. VIII, 4.

scrittori in animi bramosi di nuova vita
e di nuove idealità. E la conquista della
forma fu il primo passo alla conquista del
pensiero antico, che condusse l'uomo del
Medio Evo «dal misticismo alla realtà delle
cose, dalla Città di Dio a quella degli
uomini» e gli fece acquistare la indipen-
denza del proprio spirito.[1] Si consolidò allora la convinzione, la quale è chiaro con-
trassegno di un'èra novella, che l'eloquenza sia il più bell'ornamento dell'uomo, sia
qualcosa di divino che dà all'uomo forza e
superiorità nella lotta co' suoi simili. Onde
penetrata in tutte le manifestazioni della
vita essa fu asservita anche a' fini della
politica, e gli affari fra stato e stato si
sbrigarono con lettere elaborate nelle can-
cellerie come opere d'arte da grammatici
e letterati; e la fama vuole che G. G.
Visconti avesse detto temere più una lettera del Salutati che mille cavalieri fiorentini.

Ma la vera importanza della *Laudatio*
sta nel fatto che essa è la prima opera letteraria composta su modello greco. Nel
marzo del 1397 Emmanuele Crisolora, aspet-
tato qui in Firenze quasi novello messia,[2]
inaugurava la prima scuola di greco, la quale

---

[1] P. VILLARI, *N. Machiavelli e i suoi tempi*, Hoepli
1895, v. I, p. 90.
[2] F. NOVATI, *Epistolario di C. Salutati*, Roma 1896,
v. III, p. 124.

fu anche il più attivo focolare dell'Ellenismo rinascente. Nonostante la breve durata del suo insegnamento, i germi da lui gettati produssero frutti inestimabili, pe' quali egli ha sempre diritto alla gratitudine del mondo occidentale. I suoi discepoli, rimasti privi del maestro, continuarono a studiare e a perfezionarsi nella conoscenza di una lingua la quale, rimasta sepolta per settecento anni, oltre a' ricchi tesori di pensiero, doveva loro dischiudere e offrire nuovi e insuperati modelli di eloquenza. Il più grande discepolo del Crisolora fu L. Bruni; con quanto ardore egli si sia dato allo studio del greco, è narrato da lui stesso nel *Rerum suo tempore gestarum commentarius*. Mi piace offrire al lettore da un volgarizzamento inedito di questa opera, il brano che si riferisce alla scuola del Crisolora.

« In questo tempo che durava triegua dalla guerra, mirabilmente crebono gli studii, perchè primamente allora la cognitione delle greche lettere s'aggiunse, le quali già settecento anni apresso a'nostri non erano state in uso. Questa cognitione a noi riportò Chrysolora costantinopolitano, huomo a casa nobile et delle greche lettere dottissimo. Costui, essendo la patria assediata da' Turchi, per mare se n'andò a Vinegia, dove, udita la fama sua,[1] benignamente invitato, richiesto et con salario publico condotto, venne a Firençe, dovendo a'giovani dare copia di sua dottrina. Io in quel tempo studiavo in ragione civile, non rozo degli altri studii, perchè naturalmente ardevo d'amore delle scientie et a dialetica et

_____

[1] Nel cod. *fu*.

rethorica haveo data opera non picola. Per la qual cosa nella venuta di Chrysolora cominciai a dubitare; perochè abandonare lo studio di ragione, mi pareva dannevole, et tanta comodità d'imparare le greche lettere lasciare, stimavo quasi pechato. Et spesse volte giovenilmente a me medesmo così parlavo: Tu quando Homero, Platone et Demosthene, et gli altri poeti philosophi et oratori, de' quali tante et sì mirabili cose si dicono, puoi vedere et insieme con loro parlare et della loro mirabile disciplina riempierti, lasci et abandoni? Tu questa facultà divinamente offertati lasci passare? Già settecento anni nessuno in Italia ha sapute le lettere greche et pure da loro essere ogni dottrina confessiamo. Quanta utilità adunque allo intendere debba dalla cognitione di questa lingua pervenire? quanto la fama o il piacere tuo accresciere? Molti dottori di ragione civile sono in ogni luogo, nè mai d'impararlo ti dee manchare comodità; ma questo è uno et solo dottore delle greche lettere: se questo dinanzi ti si toglie, nessuno poi si troverrà da cui tu impari. Alfine vinto da queste ragioni, mi detti a Chrysolora con tanto ardore d'imparare, che quel che il dì veghiando imprendevo, di notte poi etiandio dormendo referivo. Condisciepoli ebi molti, ma quegli che più feciono frutto, due: Ruberto Rufo et Palla figliuolo di Nofri degli Strozzi. Era ancora in quella medesma disciplina uno Iacopo d'Agnolo, el quale prima fu autore che Chrysolora fusse condotto. Aggiunsesi poi Piero Vergerii Iustinopolitano, el quale a Padova fiorendo in istudio, seguì la fama di Crysolora et venne a Firenze per udirlo. Di questi, Ruberto et il Vergerio et Iacopo d'Agnolo di gran lungha mi passavano; Palla era mio equale. Fui apresso questo maestro più che due anni, amaestrato di probabile et optima disciplina. Ma venendo poi lo imperadore di Costantinopoli in Italia, et rivocando a sè Crysolora, si partì da Firenze et a Milano se n'andò al suo imperadore ». [1]

---

[1] Magliabech. XXV, 623, c. 12 *r.*-13 *t.* La traduzione è di Girolamo Pasqualini, contemporaneo del Bruni.

Abbandonato dal maestro il Bruni continuò da sè a leggere, a tradurre, a imitare dal greco, riuscendo così non solo ad acquistare una più sicura conoscenza della lingua, ma a svolgere e perfezionare le sue qualità di scrittore. La novità de' modelli acuiva in lui la curiosità e l'attenzione, e nello stesso tempo gli concedeva maggior libertà di imitare e derivare dalle vergini sorgenti del mondo greco nuove correnti ad arricchire il vecchio patrimonio delle cognizioni medievali. Onde a que' primi anni della sua attività letteraria vanno assegnate, oltre alle traduzioni da Basilio, da Platone, da Plutarco, vari scritti poco conosciuti, che sono esercizi di eloquenza a imitazione di modelli greci, cioè: la *Declamatio Hemi de amore Polii et Pomiliae virginis,* [1] l' *Oratio funeraria in laudibus Otthonis iuvenis praestantissimi,* [2] l' *Oratio Heliogabali ad meretrices,* [3] e il più notevole di questi scritti, la *Laudatio florentinae urbis,* di cui par-

---

[1] Cod. Riccardiano 766, c. 271 r.

[2] Cod. Riccardiano 779 c. 182 t. Quel giovine era Ottone de' Cavalcanti, nipote del cardinale Acciaiuoli, che morì a Viterbo nel 1405. Cfr. cod. Viennese 5089.

[3] Vaticano–Regin. 1808 c. 67 t., in cui all'*Oratio* seguono queste parole: «Leonardus Aretinus recreandi ingenii causa ludens ridensque dictavit; unde severiores rogat ne legant, urbaniores ne efferant». Fu pubblicata dal Manuzio a Venezia nel 1519. Cfr. BANDINI, *Catalog.* t. III, p. 628.

liamo, che fu modellata sul Παναϑηναικός di Aristide, retore greco dell' epoca imperiale.

« A quell' opera — confessa l' Autore nella sovra citata lettera all' Arcivescovo di Milano — non mi misi a caso, nè alla leggera, e non andai tentoni qua e là, e di mia testa, come peregrino per ignote vie; ma tenni in tutta la tessitura dell' Elogio come guida sicura e non dubbia Aristide, oratore celebre presso i Greci e molto eloquente, del quale si ha una bellissima orazione sulle lodi di Atene. Questo discorso mi fu come maestro, e il tentativo di imitarlo, quasi trastullo ed esercizio giovanile. Il genere di eloquenza in siffatti elogî.... dev' essere tale da suscitare l' applauso e la meraviglia; è il genere che i Greci chiamano *Panegirico*, che non vuole sottigliezza di disputa, ma cogliendo ed ampliando ogni occasione di lode, mira al plauso della moltitudine. Così Aristide lodando l' umanità degli Ateniesi, dice: 'Anche il paese con là medesima umanità si protende in mare, come per andare incontro a chi arriva'. E altrove, lodando l' antichità: 'Gli altri popoli sono abitatori avventizi di lor città, ma gli Ateniesi son nati nel luogo di lor dimora, e li ha generati e partoriti quella terra'. E altrove: 'Tutte le altre città guardano o a ponente, o a levante, o a settentrione, o a mezzogiorno; Atene sola non guarda nes-

suna di queste parti, ma è così posta in
mezzo a tutte, che quanti paesi sono intorno ad essa da ogni parte, ciascuno deve
chiamarsi o orientale, o occidentale, o set-
tentrionale o meridionale '. Le quali cose
e molte altre simili scritte in quell' elogio,
chi non vede che mirano non alla verità
ma al plauso e al piacere della moltitudine ascoltante? Perchè negli elogî delle
città si discorre a que' medesimi che si vo-
glion lodare, e questo genere di eloquenza
vuole uditorio di popolo raccolto non a giudicare o decretar qualche cosa intorno allo
Stato, ma ad applaudire, compiacersi e ral-
legrarsi delle proprie lodi. Quindi il genere
di eloquenza in simili elogî è qualcosa di
così fatto, che, se il mio detrattore l'avesse
capito, sarebbe stato più parco nel dirne
male. Altro infatti è la storia, altro l'elogio; quella dee sempre guardare alla verità,
questo molte cose ingrandisce oltre il vero,
come nelle lodi di Atene abbiamo dimostrato
che fece Aristide. Poichè non è vero che
l'Attica si protende in mare per segno quasi
di umanità, essendo essa priva di senso e
di moto; non è vero che quella terra abbia
generato e partorito gli Ateniesi, non potendo la terra nè concepire nè generare;
non è vero che Atene sia come l'ombelico
della terra abitata, essendo in altro luogo
questo punto centrale. Pure tutte queste
cose anche non vere, dette però elegante-
mente e con verosimiglianza, sono dalla

moltitudine ascoltate con piacere ed entusiasmo ».

Ma oltre all'intonazione e alla tessitura, il Bruni trasse dal suo modello l'ordine generale, e pensieri e similitudini e frasi, che o traduce liberamente o atteggia in modo nuovo conforme al suo argomento; ogni cosa però avviva di attualità, dando così all'orazione l'impronta di opera originale. Uno studio comparativo tra il Panegirico di Leonardo e quello di Aristide mi porterebbe oltre i limiti della convenienza; epperò riservandomi di ritornarci sopra un'altra volta, metterò qui sott'occhio alcuni brani dell'una e dell'altra opera, perchè il lettore faccia da sè le osservazioni che io mi risparmio per amore di brevità. [1]

PANATHENAICA ORATIO	LAUDATIO FLORENTINAE URBIS
Quod autem saepe a multis dictum est non posse facile se initium dicendi reperire, eius dicti usum ad me solum pertinere iudico. Nam quod vix potest	Quod igitur a plerisque oratoribus dictum est, nescire se unde initium sumant, id profecto nunc mihi evenire, non verbis, quemadmodum illis, sed re

[1] Cito i brani della *Laudatio* in latino, per dare qualche saggio dell'originale; e anche in latino i brani del Panegirico di Aristide, per comodità mia e del lettore. AELII ARISTIDIS ADRIANENSIS, *Orationes* nunc primum latine versae a G. Cantero. Basileae 1566, t. I, pp. 52, 53, 54, 60, 97.

aperte ac facile urbis origo explicari, id non ex eo tantum evenit quod urbs omnium sit antiquissima, sed et quod multa suppetant undique initia, quae nec coniungi commode possint, nec ita dijudicari, ut quod eorum primum sit appareat; singula namque suas prae se ferunt causas quibus primatum sibi prima fronte vindicent. Eam igitur originem quae omnium videtur aptissima, et quo si totam orationem retulero, minime sim erraturus, ponam; quod utrum recte faciam an minus, vestrum erit iudicare. Nec tamen, sicubi tanquam de domestica urbe, cuiusque commodorum particeps fuerim, videar verba facere, id vobis pudori futurum spero. Regionis itaque natura naturae incolarum videtur convenire, nec vel terra alios decere homines, vel illi alia digni esse terra. Unde et factum est, ut nec incolas illa, nec hi patriam mutarint; quod quidem utrunque tum aspectu tum memoria comprobatur. Primum namque huius regionis cives mira et evidentia suae aequitatis signa ad omnem occasionem edide-

ipsa intelligo. Non solum enim quia multae res sunt et variae inter se ultro citroque connexae, verum etiam quia ita praeclarae omnes et quodammodo egregiae sunt, ut inter se ipsas de excellentia certare videantur, nec facilis sit deliberatio, quaenam in dicendo sit anteponenda. Sive enim pulchritudinem ac nitorem urbis intueare, nihil dignius videri potest de quo quam primum enarretur, sive potentiam atque opes, illud omnino censebis praeferendum. At si res gestas vel nostra aetate vel superiori tempore contempleris, nihil tanti videri potest, ut illis anteponatur; cum vero mores institutaque consideres, nihil omnino arbitreris praestantius. Haec me dubium tenent, saepeque de altero dicere parantem, alterius recordatio ad se revocat, nec deliberandi permittunt facultatem. Ego tamen unde aptissimum et congruentissimum putabo, inde initium dicendi sumam, quod quidem credo etiam ceteros non esse improbaturos. Ut enim nonnullos filios videmus tantam habere cum parentibus similitudinem,

runt, partim ut ita dicam humanitatem ostendentes, dum in morum mansuetudine aliisque commerciis nemini in benignitate cederent, partim in periculis et necessitatibus propugnaculum Graeciae sese exhibentes. Deinde regionis is situs est, sive ad terram sive ad mare oculos convertas, ut id facile comprobet....

Cyclades porro ac Sporades undique illi adiacent, quasi e mari de industria pro suburbiis essent editae, chori forma; earumque ornatus etiam ad urbem pertinet, quandoquidem illac palatiorum sunt atriis similes, et lunam, ut poetae dicerent, cingunt stellae, maius auferentes decus quam adferentes... Idem deinde est regionis in Graecia situs, qui urbis in regione, quandoquidem media iacet ipsa in illa media, hactenus ad mare declinans, quatenus portus quo pertineant dignosci possint. Tertia deinceps verticis instar e

ut ipso aspectu manifestissime cognoscantur, ita huic nobilissimae atque inclitae urbi tanta cum suis civibus convenientia est, ut neque eos alibi quam in illa habitasse, nec ipsam alios quam huiusmodi habitatores habuisse summa ratione factum videatur. Nam quemadmodum ipsi cives naturali quodam ingenio prudentia lautitia et magnificentia ceteris hominibus plurimum praestant, sic et urbs prudentissime sita ceteras omnes urbes splendore et ornatu et munditia superat.....

Urbs autem media est tamquam antistes quaedam ac dominatrix. Illa vero circumstant suo quaeque loco constituta, ut lunam a stellis circundari recte potest dicere quispiam, fitque ex eo res pulcherrima visu. Quemadmodum in clipeo circulis sese adinvicem includentibus, ultimus in umbelicum desinit qui medius est totius clipei locus; eodem hic itidem modo videmus regiones quasi circulos quosdam ad invicem inclusas ac circumfusas, quarum urbs prima quidem est quasi umbelicus quidam totius ambitus media; haec medio oppido eminct ea, quae urbs olim, nunc arx dicitur, non quod ea sit urbis ultima pars, sed quod circa ipsam reliquum sit urbis corpus circunfusum, medio eodem ac summo concurrente; in quo iam universum consistit ornamentum et summa regionis oportunitas. Sicut enim in orbibus clypei in se invicem incurrentibus quintus umbilicum implet, qui est omnium pulcerrimus; sic et Graecia est in medio totius terrae, Atticamque in sui medio complectitur, in qua deinde media iacet Urbs, et in huius medio arx...

Omnibus enim ab initio communem se in aerumnis civitas praebuit, ita ut Graeci omnes duabus niti ancoris viderentur, cum antiquam patriam pro vera singuli haberent, communem autem hanc appellarent.... quasi nullus Graecorum donec Athenarum staret urbs, urbe cariturus esset ....

... Sola namque haec urbs nec tyrannos induxit, nec divitias est admirata, neque securitatem aut voluptatem Iustitiae praetu-

autem moenibus cingitur atque suburbiis; suburbia rursus villae circumdant, villas autem oppida...

Itaque omnes, qui aut seditionibus pulsi, aut invidia deturbati, patriis sedibus extorres aguntur, hii se Florentiam universi recipiunt quasi in unicum refugium tutamenque cunctorum. Nec ullus est iam in universa Italia, qui non duplicem patriam se habere arbitretur: privatim, propriam unusquisque suam, publice autem, florentinam urbem.

Quae cum ita esset animata pro incolumitate vicinarum urbium se pugilem praestitit, et quotiens vel finitima aliqua tyran-

lit; sed ita quasi omnibus natura viveret, sese gessit. Quicunque etiam ad Graeciae imperium aspirarunt, ii perpetuum cum hac bellum gesserunt. . . .

nis vel avara potentia populis immineret, ita adversus eam se opposuit, ut cunctis mortalibus palam faceret sibi patrium esse pro libertate Italiae dimicare...

Tralasciando altri confronti col *Παναθη-ναικός*, noto una similitudine e un pensiero, tratti dal discorso in lode di Roma composto dallo stesso Aristide. [1]

Nam quemadmodum nivem dixit Homerus, effusam,

Excelsas rupes summique cacu-
[mina montis
Florentes et agros ac pinguia
[culta virorum

tegere, additque:

Funditur et eam per inertia lit-
[tora ponti:

similiter et urbs tum iuga summa, tum mediam tegit terram et ad mare usque descendit, ubi publicum est emporium . . .

. . . nec quod de Atheniensi et Spartana urbibus dixit quidam, alteram duplicem pro viribus habere magnitudinem, alterius ambitum longe viribus inferiorem cerni (absit autem exemplo invidia) idem

Quemadmodum enim de nive scribit Homerus illam celitus delapsam, montes occupare et colles iugaque montium et pinguia culta; ita haec extra urbem aedificia universos circum montes, collesque et planitiem occupant, ut potius celo delapsa quam manu hominum aedificata videantur...

Dico igitur sic omnes homines esse admiratos magnitudinem contentionis et diuturnitatem belli, ut secum ipsi obstupescerent, unde huic uni civitati tantae vires, tantae opes, tantae ad bellum suppedi-

---

[1] A. ARISTIDIS, *Op. cit.*, p. 109.

et de hac ubique maxima dici queat, eius potentiam tantae magnitudini nequaquam respondere. Quin imo si quidem totum consideres imperium, urbem nequaquam admiraberis, quae tantula toti imperet terrae; sin ad ipsam urbem eiusque terminos respicias, non amplius miraberis orbem totum tanto orbe subiici...

tarent pecuniae. Sed haec tanta admiratio, hic tantus stupor tamdiu est apud homines, quamdiu hanc pulcherrimam urbem non aspexerunt, neque viderunt eius magnificentiam...

Così da una lingua morta in un'altra lingua pur morta si traducevano e si imitavano le opere dell'antica letteratura greca, con tutto l'interesse e l'entusiasmo che suscita un tesoro ritrovato dopo lungo tempo d'oblio. Con tali traduzioni e imitazioni latine le ricchezze dell'arte e della sapienza ellenica si fondevano nella cultura umanistica, da cui poi lentamente rifluivano nella massa degli uomini indotti per opera di più modesti lavoratori. Erano questi i traduttori in volgare, i quali, corrispondendo a un più intenso e più largo bisogno di apprendere, che per riverbero doveva sentire anche la moltitudine degli illetterati, facevano conoscere più diffusamente e avvicinavano al popolo le opere umanistiche

più famose; onde le loro versioni, **fatte al
solo fine** di popolarizzare la scienza, prive
il più delle volte del nome dell'autore,
non hanno pretensioni. Essi seguono il
testo da vicino e lo traspongono nella lingua parlata in modo semplice, senza in-
tendimenti di arte, senza scelta, e qualche
volta con poca proprietà; in modo da farci
spesso sospettare una superficiale conoscenza del latino, e che parecchi di que'
volgarizzamenti fossero esercizi fatti dal-
l'autore per approfondire le sue conoscenze
di latino.

Del nostro frate Lazaro, che aveva stu-
diato in Firenze e che era maestro in teo-
logia, in verità non si può dire che igno-
rasse il latino; ma allo stesso modo non
gli si può concedere una conoscenza esatta,
e dirò così, umanistica della lingua di Cicerone. Il lettore vedrà da qualche nota
e confronto col testo latino, che con queste
parole non faccio torto al buon frate, la cui
opera del resto va pur giudicata dal fine
che egli s'era proposto. E il fine era, come
è detto da principio, di far conoscere l'elegantissimo trattato di messer Leonardo
d'Arezzo anche agli uomini semplici e illetterati; perciò egli come tutti gli altri
volgarizzatori, hanno il merito di avere
contribuito con la modesta opera loro, in
quel secolo di rinnovamento, alla diffusione
della cultura nelle classi meno colte: come

rivoletti che diramandosi da una più ricca corrente, vanno per un prato a fecondare in ogni parte la terra, ricca sempre di recondite e inesplicate energie.

Firenze, 5 Gennaio 1899.

FRANCESCO PAOLO LUISO.

LE VERE LODE DE LA INCLITA ET GLORIOSA CITTA DI FIRENZE

COMMINÇA il *Prohemmio* overo *Epistola* di frate *Laçaro da Padova* de l'Ordine de' frati Predicatori, maestro in theologia, ne la traductione del trattato di missere LEONARDO D'AREÇÇO, huomo elloquentissimo, fatto in latino, DE LE VERE LODE DE LA INCLITA ET GLORIOSA CITTÀ DI FIRENÇE; et per lo predetto frate transposto in volgare, intitolato a' spectabili cittadini et mercadanti firentini, feliciter.[1]

NON solo dalli antichi philosophi, ma ancho da tutti quelli (*che*) noi riputiamo avere alcuno lume di ragione, suole essere approvata sentencia, spectabili cittadini et prudentissimi merchadanti, tra gli altri segni d'un animo acostumato et gentile questo essere l'uno: non dimenticare, anzi sempre ricordarsi del beneficio ricevuto. La qual cosa se apertamente noi vegiamo essere negli animali inperfecti et senza ragione, come nel cane nel cavallo et negli uccelli, molto più ne l'huomo; in nel quale, per esser perfecto et per avere intelletto et ragione, è debita cosa si ritrovi. Et come lo avere gradito et in memoria il piacere et il beneficio ricevuto è segno di huomo grato civile et virtuoso, così a l'opposito il dimenticarsi quello, è segno di homo ingrato et vicioso. Questo dico perchè spesso meco ripensando che, nella mia giovenezza in nella vostra magnifica et nobilissima città di Firenze uno buono tempo dimorato, ogni principio et fondamento di quella piccola virtù et civil costume (che) cognosco in me essere, già appresi, parrebemi essere fuori d'ogni humanità et huomo scognoscentissimo, se non come ella merita, almeno quanto la picolezza del mio ingegno stendere si puote, non dimonstrassi alcuno ricordo et segno di gratitudine. Alla qual cosa anchora vie più m'à indotto et sospinto che, ritrovandomi in diversi et lontani paezi, da' cittadini fiorentini tanta humanità et cortesia ò ricevuta, quanta non dirò che da amici o benefattori, ma da padri amantissimi et liberalissimi alcuno figliuolo possi ricevere.

Adomque a questi passati mesi vegnendomi innanzi uno egregio et elegantissimo trattato (che) già fece in latino messere Lionardo Aretino, huomo nei nostri seculi doctissimo et eloquentissimo, DELLE VERE LODE DELLA *sopra detta vostra* CITTÀ DI FIRENZE, ammi parso cosa convenevole et degna, alquanto il mio ingiegno adoperarvi et traspuorlo nella nostra lingua vulgare, acciò non solo li huomini litterati et dotti, ma ancho li indotti et semplici possino il suo splendore et excellenzia cognoscere. Et ben che per se medezima ogni loda et commendacione che non solo da me, ma da qualunque mortale ingegno si possi trovare, di molto avantaggi, non per questo restarò, quanto potrà la mia debolezza, fe-

delemente seguire l'ornato et copioso et pulitissimo stile
del predetto messere Lionardo. Il quale, come chiaramente et ei confessa, tutto il suo ingegno in questa opera
pienamente adoperò, quasi in questo trattato quantunque breve volesse lo extremo di sua virtù et elloquentia
dimonstrare; il che non saprei dire quanto a mio iudicio
sia da lodare, se questa inclita et potentissima città dopo
tanti secoli finalmente à trovato il suo vero et non ficto
laudatore. Imperò che sono state molte antiche et nobi-
lissime città, le quali a tempo di pace et di guerra grandissime cose et degnie di perpetua memoria ànno fatto,
non tanto per l'armi quanto per iusticia et sapiencia,
ma per difetto di scripttori ogni altra cosa conculcata,
a pena ci resta la loro memoria; et molte altre, che per
loro alte et magnanime opere non trovando pari, almeno ànno havuto molti non solamente preclari histo-
rici, ma anco poeti. Vive anchora ben che disfatta l'anticha Babilonia, et per virtù di greci et latini scrittori
nel mondo porta non piccola fama; vive, benchè rovinata
et arsa, la nobile et anticha Troia, del romano et ytalico
imperio origine et radice, et non solo da poeti et histo-
rici latini, ma ancho da suoi inimici, oratori poeti et philosophi greci, con grandissime lode illustrata. Non dico
di Cartagine, la quale et da' suoi propri et adversarii
scrittori romani di perpetue lode et commendacioni
ae meritato essere alzata; lasso Athenes, fonte di sapiencia, et di ogni civil politia maestra et exemplo;
lasso Thebe, Lacedemonia, Corintho et molte altre hor-
natissime et famose città. Ma che diremo noi di quella
imperatrice del mondo et potentissima città romana?
la quale tra cotanti sapientissimi et litteratissimi huomini, hebrei greci latini barbari, non solamente non ae
trovato uno, ma tutti accozati insieme et uno solo di-

venuti, non potrebono con tutte loro forze la minore parte de le suoe inestimabili lode et splendore racontare. Quale meraviglia adomque se in questa nostra età, nella quale già tante centinaia d'anni la eloquencia et politezza della lingua latina sepulta in tenebre ae alquanto cominciato a venire a luce, s'è ritrovato huomo di tale sciencia et virtù, che questa splendidissima città quasi come fenice al mondo sola habbi possuto con suo ingegno levare a cielo?

Credo, saranno forsi non pochi da invidia et malivolencia stimolati, che non potendo patire questa egregia operetta, per loro usata et naturale costuma biasimeranno non solamente la città, ma ancho qualumque suo lodatore. A' quali non altro si dè rispondere, salvo che non è meraviglia se allo infermo amareggia il zucharo, però che ae il gusto da cattivi humori corrotto; et ancho la nottola per debolezza della vista non puoc sofferire lo splendore del sole. Ma lassando questi con i loro stomachi fastidiosi et guasti, seguiremo l'opera cominciata, la quale a voi, egregii et spettabili cittadini et merchadanti fiorentini, a' quali et per antiqui et per nuovi beneficii et cortesie spesse ricevute mi pare essere obligatissimo, oc voluto intitolare: non che per questa piccola cosa io mi creda essere sciolto da le presenti o passate obligazioni, ma solo per uno segno et ricordo che in me, quantunque humile sempre verso di voi et cadauno de' vostri, fede et amicicia et prompta reverencia troverete. Piacciavi adomque questo piccolo dono gratamente ricevere, et in cambio della sua piccolezza, agradire l'animo et il buono affetto dello scrittore, seguendo lo exemplo di Ataxerses (*che*) già fue re di Persia; il quale per grandeça d'animo non meno stimava ricevere uno piccolo dono con buono affetto

presentato, che se elli ad altrui avesse uno grandissimo donato, pregiando più la buona volontà, che la
quantità della cosa donata.[2]

*Seguita la predetta traductione in volgare fatta et
dittata per lo predetto frate et maestro Laçaro. Lege
feliciter.*

VORREI dallo immortale Dio mi fusse conceduto, ch'io potessi attribuire pari eloquencia, overo alla città di Firenze della quale io sono per dire, overo al mio inverso di lei studio et volontà; imperò che, come io credo, l'una di queste due cose basterebbe a dimostrare la sua chiarezza et magnificentia. Però che essa città è tale, che niuna cosa più ornata et splendida in tutto il mondo si può trovare, et la mia volontà, come io di me stesso cognosco, in niun'altra chosa mai fue più ardente; sì che per niuno modo io dubito, se qualumque delle due preditte cose vi fusse, io di questa excellente et bellissima città con elleganzia et dignità potrei parlare. Ma perchè non di tutto quello (che) noi vogliamo, c'è conceduto la possanza, quanto noi potremo tanto porremo innanzi, acciò che paia non la volontà ma più tosto la facultà esserci manchata. Et certo maravigliosa è la excellentia di questa città, tale che la eloquencia di niuno la potrebbe aguagliare. Ma molti gravi et docti huomini de esso Idio abiamo veduto parlare, a la cui minima parte di gloria et di grandezza ben che niun dire di qualumque eloquentissimo huomo possi agiungere, non isbigotiscano nientedimeno da tanta excessiva altezza, sì che con tutte le loro forze di sì infinita grandezza non parlino. Parrammi adomque avere satisfatto a me stesso se, quanto per studio o per disciplina o per exercicio di dire, overo finalmente quanto io per molte vigilie oe acquistato, tutto singularemente porrò in lodare questa città; avegna io sappi quello essere tale, che per niuno modo sia da comparare con tanto splendore.

Quello adomque che da molti oratori è stato detto, che non sanno donde denno cominciare a dire, veramente cognosco non per parole, come a loro, ma per proprio effetto avenirmi; imperò che non solo molte et varie cose sono insieme et per sè stesse et per altrui congiunte, ma ancho perchè tutte sono sì egregie et preclare, che paiano tra loro contendere d'excellentia, nè sia agevole il deliberare, di quale di loro si dee prima parlare. Però che se tu riguardi la bellezza et politeza, niuna cosa pare più degna di che prima si dica; se la possanza o le richezze, giudicherai ad fatto quella essere preposta. Ma se tu contempli le grandi cose fatte o in questa nostra età o nel tempo passato, nulla altra cosa pare essere di tanta stima, che inanti a quelle si deggia porre; ma quando consideri le maniere et i costumi del vivere, in ogni modo niuna altra cosa più degna o egregia giudicherai. Queste tutte chose mi tengano in dubio, che volendo dire dell'una, la memoria dell'altra a sè mi ritira, nè mi lassano agevilmente diliberare; ma tuttavia da quella parte (*che*) stimerò essere aptissima et convenientissima, da quella piglierò principio: la quale chosa, credo, gli altri non riprenderanno. Imperò che come noi veggiamo molti figliuoli avere con li loro padri tanta assimiglianza, che nel primo aspetto sono cognosciuti, così questa nobilissima et inclita città ae tanta conveniença con i suoi cittadini, che nè loro mai altrove avere habitato che in essa, nè essa mai altri abitatori avere avuti che loro, con grandissima ragione paia esser ordinato. Et come essi cittadini per uno naturale ingegno, prudencia, politezza et magnificencia, tutti li altri huomini di molto avantaggiano; cosí essa città, prudentissimamente posta, tutte l'altre città di splendore, d'ornamento et di mondicia avanza.

Adomque, per comminciare da quello che è segno d'una grandissima prudentia, cioè non fare alchuna chosa per pompa o per ostentatione, nè seguire una pericolosa et vana iactanzia, più tosto che una stabile et quieta commodità, questo veramente veggiamo essere observato dalla città di Firenze. Imperò che non è posta in altissimi monti, donde chiaramente per tutto sia veduta, nè ancho in larghissima pianura, sì che da ogni lato sia aperta; ma prudentissimamente l'uno et l'altro ae observato. Però che non si può habitare in alte montagne, senza distemperanzia d'arie, nè senza venti, nè senza tempeste, nè senza grandissimo isconcio et molestia degli **habitatori**; nè ancho in grande et larghissima pianura, senza secchezza di terreno, senza corruptione d'arie, nè senza molta nebbia et caligine. Volendo adomque questa prudentissima città schifare tutte queste incommodità è* in tale luogo posta, che quello che in tutte cose che è* provato, ac eletto, cioè il mezzo

* Nel cod. *he.*

intra li extremi; sì che et da l'altezza de' monti et dal
fastidio della larga pianura lontana et de l'uno et del-
l'altro participa, et godesi di una maravigliosa suavità
d'arie. Imperò che essendo opposti i monti di Fiesoli al
settentrione, quasi come mura diffendeno la città dalla
forza del fredo et dal furioso impeto del borea; et da
mezodì, donde minor vigore di venti appare, sonno e'
colli più bassi. Ma da tutte altre parti, et specialmente
dal ponente, sonno larghissimi campi, et però in quelli
luoghi regna grandissima tranquillità et temperanzia
d'arie, da' quali altri partendosi, doveumque si vada, o
sente magiori freddi, o più istemperati caldi. Ma quanto
essa città ocupa del monte o del piano, tanto da una
bellissima corona di mura è circundata; et non però di
tale sumptuosità che appaia spaurosa o disfidarsi dalla
sua possanza, nè anco sì stracurata et negligente, che
vile o sproveduta possi essere riputata.

Ma che dirò io della moltitudine del populo, dello
splendore degli edificii, dell'ornamento delle chiese,
di una incredibile et meravigliosa netezza di tutta la
città? Veramente tutte cose sono d'una singulare et
egregia bellezza ornate, le quali ancho molto meglio si
cognoscano appareggiandole a l'altre, che in se mede-
sime; il perchè soli quelli che alcuno tempo sono stati
fuori, ritornando a Firenze, loro solo intendeno quanto
questa florentissima città di molto avantaggi tutte l'altre. Imperò che in tutto il mondo non v'à alchuna, a la
quale non manchi alcuna delle principali chose, che
a loro bellezza et magnificencia s'*apartenga**: hora a
questa mancha il populo, a quell'altra ornamento di
edificii; l'altra non hae manchamento d'alchuna di

---

* Nel cod. *apartegiu*.

queste chose, ma ella non è posta in buona arie. Et molte sono tante inmonde, che ogni bruttura fatta la notte, la mattina la pongano innanzi li ochi altrui et nel mezo la strada a calchare con i piedi, di che più sozza cosa non si può pensare; et ben che tal città abbi in sè migliaia di regali et larghissime richezze et infinita moltitudine di populo, avilisco nientedimeno cotale puzzolente città, nè mai ne farò grande stima. Imperò che come in uno difformato corpo, avegna tutte l'altre parti abbi excellenti, non può però essere conpiuta felicità; chosì nelle città, ben che abino tutte altre belle parti, tuttavia se sono inmonde, per niuno modo vi puote essere bellezza. Et quella, a la quale bellezza mancha, chi non vede che è privata di uno supremo et grandissimo ornamento? Ma noi veggiamo Firenze sì monda et tersa, che in niuno altro luogho si trova cosa più netta; et certo questa è sola città in tutto il mondo, nella quale non si trova chosa sozza agli occhi, nè fieda al naso, nè lorda a' piedi. Tutte simil cose con grande cautela et diligencia delli abitanti sono provedute, che levata via ogni bruttura, solo t'inscontri in quelle chose che diano diletto et piacere a' sentimenti. Et però per magnificencia forsi, tutte quelle città che al presente sonno, ma di splendore et mondicia, et le presenti et quelle che mai furono senza alcuno constrasto avantaggia. Et a quelli che mai videron Firenze, questa tanta et inaudita mundicia pare incredibile; et noi medezimi che in essa abitiamo, ogni dì più siamo meravigliati, nè per usanza ci possiamo saciare. Imperò che qual più gran meraviglia, che in una populatissima città quale è questa, non vi si trovare mai nè apparire alcuno fango? et quantumque grandissima pioggia ne venghi, non lassarsi per questo lo andare per la città a piè asciutto?

Però che quasi più tosto è sorbita la pioggia dalli apparecchiati rivi, ch'ella sia in terra caduta; donde adviene che le camere delle splendide case nell'altre città non sono sì monde et terse, qual sono in questa nostra le strade et le piazze. Alcuna altra città arae mondicia, ma non ornamento di edificii; un'altra, ornamento di edificii, ma non sanità d'arie; un'altra sanità d'arie, ma non multitudine nè frequencia di populo: ma in questa di tutte queste parti dalla prima a l'ultima tutte chose vi sono, che possano fare una città felice. Imperò che se tu ài piacere della antichità, troverai molti segni et reliquie di quella o ne' publichi o in ne' particulari edificii; et se di chose nuove ti diletti, niuna più magnifica o più splendida chosa si vede che i nuovi edificii.

Ma il fiume che per mezzo la città correndo passa, non sarebbe agevole a dire, se dae più di utilità che di piacere. Imperò che quatro grandi ponti di pietra viva edificati congiungano insieme l'una ripa coll'altra, tanto conmodamente tra loro partiti et misurati, che servate tutte le principali strade che qui intorno arrivano, et continuato il diritto corso del fiume, sì abilmente si può passare per mezzo la terra, come se da niuno fiume ella fusse divisa. Da l'uno canto et dall'altro apertamente si veghano le ornatissime finestrate* delle antichissime et nobili famiglie, et le vie folte et piene di conpagnie d'uomini. Ma le case fondate sopra il fiume, parte sono bagniate et tinte dal corrente fiume, parte da quello sono tante dilungate, quanta è larga la strada posta tra le dette case e il fiume, per la quale grandissima multitudine di genti o per loro faccende o per trastularsi

* Nel testo latino *porticus*.

possi passare; imperò che niuna è piu dilettevole chosa, che lo spassarsi per quelli luoghi, o nel verno a mezo dì, o nella state la sera. Ma perchè mi sono io accupato in questo solo luogho? et sonmi posto come pescatore a exercitarmi circa le ripe del fiume, quasi paia che questa sola parte sia splendida et che non tutte l'altre parti della città o di simile o di maggiore bellezza siano adorne? Et qual cosa è in tutto il mondo sì splendida o magnifica, che con gli edificii di questa città si possi appareggiare? Veramente ogni otta mi viene a mente cotale conparatione, io mi vergogno dell'altre città; imperò che quelle di una o di due strade al più adornate, nel resto sono sì vote et prive d'ornamenti, che sia loro vergogna lo essere vedute da istranieri. Ma in questa nostra città non ci è strada nè parte della città, che de' bellissimi et amplissimi edificii non sia piena. Imperò che, o inmortale Dio, quali fabriche di case, quali ornamenti! et come grande si vede essere stato l'animo degli edificanti nelle predette cose! et quanti et quali sono le delicie delli habitanti in essa! Ma tra li altri edificii della città di molto maggiore ampiezza et di una principale magnificencia sono i sacri templi et le chiese, le quali spessissime per la città ordinate et distribuite, come a santi luoghi s'apartiene, con grandissima divocione dalle loro parrochie sono onorate et con meravigliosa religione frequentate; il perchè non è di quelle cosa più riccha nè più ornata nè più magnifica. Imperò che non solamente è stata diligencia adornare i luoghi non sacri, ma ancho li sacri; non solamente le abitacioni de' viventi, ma ancho le sepulture de' morti.

Ma io ritorno alle chase de' particulari cittadini, le quali a delicie, a grande bellezza, a honore et a sin-

gulare magnificencia construtte ordinate et edificate
sono. Qual chosa più bella o più dilettevole puote essere, che vedere l'entrate de' palazzi, le sale* et so-
laii, le logie, le sale a mangiare, et diversi ritratti**?
quanto bella chosa è vedere la grandezza delle dette
chose capace di molte genti, le balchonate, li archi
et le volte et le travature, et i tetti sopra modo richi
et ornati? et, quello (che) in molte chase si trova, le
stanzie de la state spartite da quelle del verno? Et con
questo, le bellissime camere, e' ricchi fornimenti, oro,
argento, veste lavorate, drapparie et altri ornamenti
di diverse et preciose materie et di varii colori? Ma
non so[no] io poco savio racchontare questo? Non se io
avessi cento lingue cento boche o la voce di ferro, non
potrei tutta la magnificencia, ornamento, ricchezza, delicie, nè tutta la politezza dimonstrare. Ma chiumque la
vuole sapere, venghi qui et cerchi la città, et non si
parta sì tosto come incalciato et affrettato viandante,
ma fermisi alquanto, et vogli investigare et ben considerare. Imperò che gli è grande differenza da l' altre
città, perchè uno forestieri vi si fermi alquanto tempo;
conciò sia cosa che se l'altre ànno alcuno bello ornamento, di subito è palese et posto nel primo aspetto,
il quale e' stranieri, tosto che nella città entrati sono,
possano vedere. Ma se lassano i luoghi principali et
vogliano vedere non la scorza ma la midolla delle
chase,*** non troveranno chose correspondenti alla prima loro oppinione; imperò che in cambio di case troveranno casuccie, et per la bellezza di fuori troveranno
bruttura di dentro. Ma Firenze, se allo intrinsico ogni

---

* Nel testo latino *atria*.
** Nel testo latino *penetralia*.
*** Nel cod. *chose*, nel testo latino *domorum*.

sua bellezza non si vede, non si può cognoscere, e però quello che ad altre città *sminuisce** la stima et reputacione, a questa sonmamente acrescie; imperò che dentro alle pareti non à meno adornezza et magnificenzia che di fuori, nè una strada o un'altra è bella et netta ma tutte le parti della città, et come il sangue è per tutto il corpo, chosì le delicie et ornamenti sono sparsi per tutta la città.

Et nel mezzo di cotali edificii è posto uno alto et nobilissimo palazzo, di grandissima bellezza et di fabricha meravigliosa, il quale nel primo aspetto agevilmente dichiara a che fine elli è edificato. Imperò che come in una armata di mare la nave del capitano suole essere tale, che apertamente si intende in quella essere la persona di colui che è capo et governatore di tutti gli altri, così questo palazzo à tale aspetto che ogni homo può giudicare, in esso abitare quelli che sono governatori della republica. Et è sì magnificamente construtto et sì altamente sollevato, che largamente signoreggia a tutte le circunstanti chase; et non pare punto la sua alta grandezza essere chosa particulare, non obstante certo ch'io creda, che non palazzo simplicimente, ma palazzo de' palazzi si debbi chiamare. Imperò che sì tosto che altri escie delle mura, da ogni parte vi si trovano tanti edificii che quelli come una città, et *questi*** che sono cinti di mura come il castello della detta città par si possi chiamare. Ma come Homero scrive la nieve essere dal cielo caduta et coprire montagne et colli et le cime de' monti e i campi lavorati,[3] così questi belli

---

* Nel cod. *sminuisse*.

** Nel cod. *quelli*, nel testo latino *hæc*, che io ho restituito nella traduzione per maggior chiarezza del periodo.

edificii empieno tutto il paese intorno et montagne et colli et piano, sì che più tosto paiano essere dal cielo discesi, che fabrichati per mano di homini. Et quanta è la loro magnificencia! quanta la bellezza! quanto ornamento! Però che sonno più grandi et spatiosi che quelli della città, sì ancho come sonno ne' luoghi più larghi et spatiosi, et con maggiore libertà a diletti et piaceri edificati: il perchè niuno quivi richiede spazio o larghezza, nè loggie, nè orti, nè giardini. Et che dirò io delle camere et delle sale, delle quali nulla cosa è piu ornata o più magnifica? Et entra queste chose, li ombrosi boschi et i fioriti prati, dolci rivi, chiari fonti, et sopra tutto la natura de' luoghi a diletto et piacieri disposta. Certamente paiano i colli ridere et pare da loro uscire et intorno spandersi una alegrezza, la quale chiumque vede et sente, non se ne possi satiare; per tale che tutta questa regione si può meritamente riputare et chiamarsi uno paradiso, a la quale nè per bellezza, nè per alegrezza in tutto il mondo si trovi pari. Per la qual chosa quelli che venghano a Firenze sono stupefatti, quando dalla lungha et d'alcuno alto monte veghano tanta opera et tanta grandezza di città, tanta larghezza et tanto ornamento et tanta quantità di ville allo intorno. Et non sono tali che da longi vedute siano belle, et dapresso sozze; anzi tutte chose sono sì bene aguagliate et proportionate et d'una non *finta** pulitezza splendide, che quanto più presso riguardi, tanto maggiore iudichi essere la loro magnificencia. Il perchè et le ville di bellezza et di diletto vincano l'opinione di quelli che la vegano di lontano; et i borghi, le ville; et essa città molto più, li suoi borghi: la quale entrando li forestieri,

* Nel cod. *fenta*.

già dimenticando la bellezza exteriore da longi veduta, attoniti et come fuori di sè si meravigliano di tanto splendore di città.

Io voglio ancora racontare una chosa, la quale sopra tutto mi dae grande argomento a dimostrare la loda di questa città. Ella ae fatte molte guerre et ae contrastato contra potentissimi inimici; ae poste a terra alcune spaurose et crescenti potencie, con prudentia con ricchezze et con grandezza d'animo, *delle quali chose** non si credeva potesse esser pari, nè a loro per alcuno modo potere resistere. Et ora di nuovo contra uno potentissimo inimico con tanta virtù molti anni ae conteso, che le menti d'ogniuno ae convertito in amiracione.[4] Imperò che quello duce, le forse et la possanza del quale et le genti oltramontane et tutto il resto d'Italia temeva, sollevato di speranza, invaghito di vittorie, et che per meravigliosa prosperità quasi come una tempesta tutto occupava, questa sola città si trovò che non solamente riprese li suoi assalti o ritardò il corso delle suoi vittorie, ma ancho dopo lungha guerra l'aflisse. Ma de' fatti di guerra poco di poi sarà facultà et modo a parlare: ora seguitiamo la nostra intencione. Io dico adomque ogniuno essersi tanto meravigliato della grande contesa et della lungha guerra, che in se medesimi sono stupefatti, onde questa sola città potesse trovare a guereggiare tanta possanzza, tanto avere et tanta pecunia. Ma questa tanta amiracione et stupore tanto tiene altrui sospeso, quanto nè

* È la traduzione di *quibus*, che si riferisce a *potencie* e non a *prudentia ricchezze* ecc. come qui parrebbe.

questa città nè la sua magnificencia ae veduta; et
quando l'ànno veduta, cessa ogni tale amiracione. Imperò che noi vediamo questo essere fermo tra tutti, et
neuno viene a Firenze che non dica questo esserli adve-
nuto: che sì tosto che ànno veduta la città, occorren-
dogli innansi a li occhi tanta opera et grandezza di edificii, tanta magnificencia et tanto splendore; et quando
veghano le excelse torre et marmorei templi, la grandezza delle chiese et i superbi palazi, le magnifiche
case, le belle et forte mura guarnite di spesse torre; et
quando considerano la moltitudine delle belle et dilettevole ville, le delicie la politezza et l'ornamento di tutte
chose, di subito si cambia talemente l'animo et la mente
d'ogniuno, che già non si meravigliano delle grandissime chose fatte per questa città, ma più tosto la giudicano sufficiente et degna ad acquistare il dominio et
imperio di tutto il mondo.

Il perchè si può cognoscere questa città essere singularemente meravigliosa, la bellezza et la magnificencia della quale a l'animo di niuno assai degnamente
puoe capere, nè con ornamento et copia di parlare
si puoc racontare; ma tanto l'aspetto et presencia di
quella vince la fama, quanto dalla fama era prima
vinta la opinione. Veramente io non soe quello che
altri stima; ma a me tanto mi suole parere questa
forte et vera ragione, ch'io tengho questa solo essere
bastevole a potersi confermare la incredibile excellencia di questa città. Imperò che una sì grande et comune amiracione non si potrebbe sì agevilmente levare et extirpare dell'animo, veduta la città, se in essa
non fusse qualche altra maggiore virtù di nobilità et di
bellezza, la quale quello stupore di animo concetto et
immaginato per la grandezza delle chose fatte, non sola-

mente smenovisse ma ancho di tutto conculchasse. Come,
se alcuno mi racontasse alcuno grande et incredibile
fatto di fortezza da qualche gagliardo et robusto homo
in alcuno pericolo dimonstrato, come se dicesse: quello
tale col pugno overo con mazze ferrate molti avere git-
tati a terra; o da uno solo molti essere stati vinti o soper-
chiati et con impeto cacciati; o vero se contra uno carro
da cavalli correnti tratto si fusse fermato; o avere portato
su le spalle uno thoro intero per spacio di uno mezo
miglio, il che si dice avere fatto uno nominato Milone
da Cotrone; o vero se alcuno fermatosi con lo scudo in
braccio per nulla forza o virtù si sia mosso di luogho,
il che noi leggiamo da uno chiamato Polidamante già
essere stato fatto;[1] et essendo io stupefatto, oltra tutte
queste chose agiunta tutte preditte chose essere incredibile*: ma chi vedesse tale gagliardo et forte huomo,
non arebbe più admiracione, ansi crederebbe non solo
le dette chose, ma ancho molto maggiori potere fare.
Dico adomque, che se alcuno questo raconta per vero,
subito bizogna io ymagini alchuno fortissimo homo, il
quale poi per me corporalemente veduto et le suoi forse
considerate, cessando ogni stupore prima concepto, cre-
derò quelli molto maggiori prodezze che le prime con-
tate potere exercitare. Così di questa magnifica et splendidissima città, avegna la fama sua et il riporto delle
genti facci altrui con meraviglia grandissime chose
ymaginare, tuttavia quando poi con li occhi la vede, et
con la mente considera, senza comparacione molto maggiore istima fac di quella et del suo potere, che prima
non avea ymaginato: il perchè bizogna concedere, essere

* Il testo latino ha: « et deinde mihi super hiis rebus obstupescenti addat
haec quidem audita incredibilia videri ».

in quella una infinita et inextimabile magnificencia di ornamenti et di ricchezze. Et che altro si potrebbe dire in sì aperta et chiara mutacione di mente dalla prima concetta oppinione, se non che tanta è l'amplitudine et maiestà di questa città, che neuna mortale lingua la puoe explicare, nè capere in mente di alcuno? Imperò che, ben che molti la laudino et per l'avenire sempre loderanno, non è però ancora stato alchuno, che avendola veduta, non l'abbi stimata essere molto più excellente et nobile, che prima per fama non avea ymaginato. Per la quale chosa io non dubito certo che saranno molti, che mi condennaranno esser troppo audace et temerario che a tale chosa abbi posto mano; ma io non poteva, considerando sì inclita et gloriosa città, non meravigliarmi, et meravigliandomi non poteva le suoi lode tacere. *Il perchè** se io non posso conseguitare, come niuno altro mai ae potuto, più tosto è giusto mi sia perdonato che mi sia imputato. Ma già ritorniamo a parlare d'essa.

Dopo le ville, che noi abiamo detto, sono le chastella: et come oe io detto le chastella? anzi, non è di tutta quella regione, che circunda le ville, alcuna parte che non sia piena di splendidissime terre. Et la città è posta nel mezo tra loro, come principale et domatrice di tutte; et quelle circunstanti sono, ciascuno nel suo luogho come, bene a proposito direbbe uno poeta,** la luna essere circundata dalle stelle,[6] onde a vedere è chosa bellissima. Imperò che come in uno scudo sono dipinti o intagliati molti circuli, de' quali artificiosamente l'uno*** l'altro inchiude et l'ultimo cierchio da

---

* Nel testo latino *quod*.
** Nel testo latino « recte potest dicere quispiam ».
*** Nel cod. *l'uno l'uno*.

gli altri chiuso, ch'è più presso al centro, ched è
come l'ombellicho posto nel mezo dello scudo; così similemente veggiamo le regioni come circuli tra sè l'una
chiusa nell'altra et intorno stese et separate, delle quali,
essendo principale, la città è come il centro, posta nel
mezzo di tutte. La quale essendo cinta di mure et di
belli borghi, sono poi li borghi circundati dalle ville,
et da esse ville similemente l'altre terre et castelli, le
quali tutte chose sono come da uno magiore circulo da
l'ultima circunstante regione circundate. *Ma** in delle
ditte terre sono le roche et fortezze alte a il celo, le
quali a tempo di guerra sono securo rifugio a' lavoratori et contadini; et è tanta la moltitudine delli abitanti,
che tutti i luoghi sono pieni. Che dirò della suavità et
abondancia de' frutti? che del paese et de' campi sì
bene et ordinatamente lavorati? Certamente questo è
noto et manifesto ad ogniuno et posto inanzi agli occhi,
nè ae bisogno di alcuna dichiaratione: questo solo dico,
che non si troverebbe di leggieri contado che tanta
moltitudine di abitatori potesse nutrire, qual'è questo.
Imperò che molte città non ànno tanti abitanti, come il
contado di Firenze; et tuttavia loro tutti et insieme con
essa popul[at]issima città talemente pasce et nutrica,
che non solamente al vivere ma nè ancho per delicie
non ànno bizogno di alcuno aiuto forestiere. Il perchè
essa città dentro a le mura o di fuori è tale che niuna
altra si puoe stimare più beata.

    * Nel cod. *Mna.*

Et s'egli è alcuno che creda alcuna perfettione man-
charli per non essere lei sopra il mare, questi tali non
solamente erra grandissimamente, anzi quello che dè
lodare, riverte in vicio. Imperò che l'essere vicino al
mare forsi per rispetto di mercantie è chosa utile, ma
certo troppo salate et troppo amare sono l'altre incommodità,* per le quali le città marine si possino biasmare
di molti pericoli, a che per necessità ànno a essere sot-
toposte. Platone atheniese, principe di tutti i philosophi, ne' suoi libri ordinando una città come bene et
felicemente dee vivere et le chose in essa, delle quali
ella dovesse essere guarnita o manchare, con ogni diligencia investigasse, sopra tutto iudicò che dovesse
dal mare essere lontana; nè stimò quello sapientissimo
homo per niuno modo quella città potere essere felice
la quale o fusse posta sul lito o a l'onde marine fusse
vicina. Et raconta molte sciagure et molti inpaccia-
menti al bene vivere, che avengano per lo essere vicino al mare. [7]

Et veramente, se vogliamo dirittamente considerare, egli è molto grave chosa una città essere posta
in tale luogho, che dalla Tana et Trabisonda, ched è
in l'extremitadi di levante, per insine a Gades, ched è
a l'altra extrem[it]à di ponente, et sono li due termini
del mare Mediterraneo, s'abbi a temere; dove non solamente quello che le genti vicine faccino, o quello che
li populi confini faccino o trattino et ordinano, et quale
animo verso di noi ànno, ci bisogni investigare et guar-
darsi da loro occulte insidie o manifesti assalti, ma

---

* Qui manca qualche cosa sia per errore del copista o del traduttore, o sia
del codice che a questo serviva. Il testo latino dice: « *Est enim maris vicinia
vendendis comparandisque rebus forsitan utilis, ceterum salsa atque amara nimis;
permulta sunt quippe incomoda* etc ».

ancho di quelli d'Egipto et di quelli di Fenicia, di
Colchos in Grecia, di Scithia et de' Mori di Barbaria, et
d'altre barbare et molte tra sè diverse nacioni s'abbi
a dubitare. Et certo se molte volte ci troviamo ingannati di quello (*che*) ànno trattato le nacioni vicine, come
saremo noi sicuri delle lontane? Gli assalti di terra che
sogliano essere più tardivi, alcuna volta sogliano essere
*presenti** che alcuna simil chosa s'abbi potuto presen-
tire; che aspetteremo noi adomque dalla cellerità et pre-
stessa delle armate marine? Imperò che se al presente
non sono, non debbiamo pertanto sperare qualche volta
non dovere essere, et sappiamo di certo essere state
per lo passato. Ma egli è una stolticia puorsi a pericoli, quando sicuramente et quietamente si può vivere.
Et se queste ragioni non muoveno quelli che tanto
amano i liti et l'acque marine, non si muoveranno el-
lino per li antiqui exempli? Leggi le latine, leggi le
greche istorie, et in quelle considera quanti sono i casi
et le spesse distruttioni delle città marine, et quante
nobil città, fiorenti di ricchezze di populo et di pecunia,
da l'armate dei nimici più tosto sono state prese, che
di simile chosa s'abbi potuto sospettare. Et se questo
ben ripenseranno, già cominceranno a credere niente
manchare a questa città per non essere marina; ma
per contrario, che come tutte l'altre chose, chosì anchora questa con grandissima prudencia essere fatta.
Troia, nobilissimo culme et altezza di tutta Asia, et
come dice quell'altro,[8] egregia opera et faticha degli
dei, da** l'armata del mare due volte fue presa et disfatta: la prima per lo isproveduto et subito adveni-

---

* Nel testo latino *prius*
** Nel cod. *da la l'armata*

mento di Hercules et di Thelamone, la seconda per la fraude et inganno di Agamenon et di Ulixes; non poteva altrimenti quella florentissima città essere presa, se il mare vicino non li avesse dato il modo. Indarno era consumato lo spacio di dieci anni con il terrestro exercito; finalmente veneron alla armata del mare come ad aptissima materia di ogni insidie et inganni. Et credendo li cittadini Troiani essere dal lungho assedio liberati, quando neuna inimichevile chosa in alcuno luogho appareva et di nulla si dubitava: « ecco le falange de' Greci con le armate et con le instrutte navi, n'andavano da Tenedo per lo amichevole silencio della luna ».[9] Et pocho poi (introduce Virgilio Andregeo greco che dice a' suoi)[*]: « Gli altri rubbano et ne portano la preda troiana, et voi pure ora partite dalle alte navi? »[10]

Questi adomque sono li premii del mare, et questa è la lodevile vicinanza. Ma perchè racconto io queste chose lontane? Genova, nobilissima città d'Italia, nella seconda guerra d'Affrica leggiamo da Magone, figliuolo di Amilchare, essere sprovedutamente presa et fine a terra rovinata.[11] Et che dirò io della distruttione de' Foccesi? che di Seragusa? che di Allexandria? che di Athenes? Che dirò io, esso il populo romano in fiore et signoreggiando a tutto il mondo? non fue il mare per molti anni da l'armata de' corsali tanto molestato, che molte città del populo romano patirono extremità grandissime? Nè quel populo, che tutto il mondo avea vinto et sogiogato, poteo diffendere le città marine da gli insulti et incorsi delle armate di mare.

Et con questo considera la grossezza dell'arie et li suoi spessi mutamenti, pensa le pallide malatie, cioè luoghi marini comunemente essere malesani, et la ispiacevolezza dell'essere al mare confino. Tra queste

tante et sì contrarie chose non è da meravigliarsi
se questa prudentissima città s'è dilungata da[l] porto
per allongarsi in porto di tranquillità, et s'ella ae
più tosto elletto manchare dell'onde marine, che a
sì crudeli et tante onde di fortuna essere soggietta.
Ma che puoc elli advenire, se ella non ae porto?
Et bene ch'io dubiti in quale parte il parlare mio
fia ricevuto, pure dirò quello (*che*) io intendo: che
come tutte altre chose, chosì questa con grandissima
prudentia et deliberacione è fatto da questa città. Imperò che essendo dal lito marino tanto dilungata, che
da tutte quelle adversità che dae lo essere al mare
vicino del tutto ne sia experta, nientedimeno ella è sì
presso ai porti, che di niuna utilità che il mare possi
donare, è privata; il perchè in quelle sole chose dalle
città marine Firenze è soperchiata et **vinta**, delle quali
lo essere soperchiato et vinto è **gran**dissima vittoria.
Et certo i porti e i l[i]ti a quelle **altre danno** grande
utilità, ma acompagnata et mescholata con molte **adver-**
sità et molestie; ma Firenze così usa il mare vicino, che
di quello non riceve che pura utilità, la quale non è
disturbata da alchuna contraria chosa, nè per alcuno
pericolo isminovita. Della quale commodità nè il pesti-
lente celo, nè il grosso et corrotto aere, nè l'umidità
dell'acque, nè le malatie dello autunno nulla posson
levare o disturbare; anzi tutta quella, quantunque ella
sia, è tutta pura et non pericolosa nè corrotta utilità.

Et certo a me pare vedere che per questa cagione
Firenze sia alquanto dilungata dal mare inferiore, cioè
di ponente, per avere ancho commodità et dextro de[l]
superiore, cioè di levante. La quale prudencia non si
può assai lodare; imperò che se in uno solo lito ella fusse
posta, oltra che da molte et varie, come è detto, mole-

stie per essere in sul mare sarebbe gravata, questo altro
sconcio ancho arebbe, che dall'altro sarebbe rimota;
donde averrebbe, che ella in uno tempo peccarebbe in
due extremità, cioè o d'essere troppo lungi o di essere
troppo presso.* Noi veggiamo ora ch'ell'è da l'uno et
dall'altro lito tanto lontana, che non pare d'uno solo
essere stata contenta, ma più tosto avere voluto in suo
uso et utilità l'uno et l'altro transferire. Imperò ch'ella
si siede nel mezo, tra il mare Tireno et Adriatico,
quasi come una roina d'Italia, posta in purissimo et
salutevole aere, et tiene parte del piano et parte del
monte: da l'uno canto apertissimi campi, dall'altro si
levano allegrissimi colli; et il fiume dentro alle mura
et per lo mezo della città corrente, parte è di grandissimo ornamento, parte di molto maggiore utilità. Et
in essa città, meravigliose pulitezze, splendore inextimabile, et ornamenti da stupire altrui, et sovrana magnificencia di tutte chose. Ma le ville ànno in sè non
udite e non mai intese delicie, et il diletto et alle-
grezza più che terrena: tutte chose sono piene di soa-
vità et piene di bellezza. Di questi tanti et tali ornamenti et beni ripiena, non solamente tutte le città di
Ytalia, ma tutte quelle dell'altre provincie grandissimamente avantaggia.

Veramente la copia delle bellissime chose et la riccha et abondante materia, che per se stessa mi si *offe-
risce*** al dire, con impeto et violencia per insine a qui

---

* Nel cod. manca qui una parola· forse un *ma*.
** Nel cod. *offerisse*.

m'à rapito et tratto, nè m'ae data alchuna facultà di riposo; et forsi con pocho ordine et piccola eloquentia parmi esser passato, che parlando delle lode di questa città oe lassati i primi et principali ornamenti. Imperò che essendomi occupato in referire dell'altre suoi bellezze et magnificencie, quasi smemorato lassava a dire della moltitudine del populo, della copia degl'uomini, della virtù, della industria et della humanità de' cittadini, le quali chose sono grandissimi et principali ornamenti a racontare. Per la quale chosa mi bisogna ritornare onde io lassato avea, et a quelli che habitano la città dare la parte loro; overo più tosto, quello che per errore oe fatto, riduciamlo al modo oratorio, et ricogliam finalmente noi stessi, et riguardiamo di qual chose noi abiamo detto et de quali per adirieto dobiam dire, acciò non più stiamo in questo errore.

Adomque persin qui qual sia questa città abiam dimonstrato; hora consideriamo quali siano i suo' habitatori. Per la quale chosa vogliam fare come fare si suole a' particulari homini; così di questo populo, dal principio comminciando, da quali progenitori sia nato, et qual fatti in ogni tempo nella patria et di fuori abbi fatto, considereremo. Et chosì credo, come dice Cicerone, commincceremo dal principio. [12]

II

ONDE adomque è la generacione di questo populo, et chi sono stati i suoi progenitori, da qual mortali è stata fondata questa inclita città, cognoscete, o Fiorentini; cognoscete la stirpe et progenie vostra, considerate quanto di tutte l'altre genti siate carissimi. Imperò che li altri populi ànno avuto per loro autori overo fugitivi, overo usciti dalla propria patria, overo contadini, overo altri forestieri; ma *di** voi il populo romano vincitore et signore di tutto il mondo è autore et principio. O Idio immortale, come ài volsuto in questa sola città conferire tanti beni, che tutti quelli che in ogni altro luogo sono et che disiar si possono, paino esser insieme raunati ad suo ornamento? Et quanto è questo prima da istimare, che la progenie de' Fiorentini sia venuta dai Romani? Qual gente mai al mondo fue più chiara o più potente? quale mai fue in ogni maniera di virtù più excellente de[l] populo romano? i grandi fatti del quale sono tanto illustri, che i grandissimi fatti di tutti gli altri alla grandezza di quelli pareggiati paiono essere giuochi di fanciulli: lo 'mperio et signoria del

---

* Nel cod. *di*.

quale, pari et grande quanto è tutta la terra, con tanta sapiensa et ragione per molti seculi è stata governata, che più exempli di virtù si vegano da quella sola città, che tutti li altri populi in tutto il resto del tempo abbino dimonstrato: in nella quali innumerabili homini di sì eximia et singulare virtù sono stati, che mai in terra sono stati lor pari. Et lasciando li altri supremi et prestantissimi duci et principi, dove e' Publicoli, dove e' Fabricii, dove e' Fabii, dove e' Decii, dove e' Chamilli, dove e' Pauli, Marcelli, Scipioni, Catoni, Gracchi, Torquati, Ciceroni fuori della città romana troverai? Et se in questi auctori cerchi nobilità, in tutto il mondo non troverai i piu nobili; se richezze, niuno altro più copioso; se grandezza d'animo o magnificenza, niuno altro più chiaro o più glorioso; se grandezza d'imperio, non v'è lu[o]co dentro al mare occeano contenuto, che per forza d'arme sogiogato non sia stato nella loro possanza.

Per la quale chosa anchora ad voi, Firentini, per ragione di heredità et chome a successori delle paterne possessioni, s'apartiene la signoria di tutto il mondo. Donde adviene, che tutte le guerre fatte dal populo di Firenze sono giustissime, nè puote nel fatto di guerreggiare manchare di iusticia, essendoli necessità fare ogni guerra, o per diffendere o per riavere il suo, le quali due maniere di guerra tutte le leggi et tutte le ragioni permetteno. Il perchè se la gloria de' padri, la nobilità, le virtù, la grandezza et magnificencia fae ancho i figliuoli illustri, non è in tutto il mondo chosa tanto degna che alla dignità de' Fiorentini si possi proporre; però che sono nati da tali padri, i quali in ogni maniera di lode larghissimamente avanzano tutti i mortali. Et chi è tra gli omini che non si confessi essere conser-

vato dal populo romano ? Et qual sarà quel servo, o di
servo fatto libero, che di dignità vogli contendere, o
che iudichi sè ad figliuoli del suo signore over patrone
dovere essere proposto ? Et però non è picholo ornamento a questa città avere avuti sì preclari auctori et
fondatori di sè et di sua gente.

Ma in quale tempo i Fiorentini da' Romani si(a)no di-
scenduti, parmi questo esser molto da dichiarare, il che
ancho si suole observare nelle reali successioni, cioè:
che quello finalmente è detto essere figliuole del re, che
è nato a quel tempo nel quale suo padre possedeva la
degnità reale ; ma chi inanzi o poi sono nati, quelli nè
figliuoli di re, nè nel paterno regno sono istimati avere
successione. Et veramente come ciaschuno è più alto et
in maggiore stato, chosì ancho si sforza a fare più ma-
gni et più gloriosi fatti ; et vedesi in ogni tempo le
chose prospere, non so in che modo, alsare altrui gli
animi et donare gran quore, che niuna altra chosa che
alta et magnifica, e'* nobili homini possino operare, et
quelle chose che a quello tempo sono facte, quelle
adviene che sono le più pregiate et valorose. Questa
adomque splendidissima colonia de' Romani a quel
tempo maximamente fue edificata, nel quale lo imperio
del populo romano sommamente fioriva, et nel quale
potentissimi re et genti in guerra ferocissime per virtù
et forza d'armi erano domate. Carthagine, Numancia,
Chorintho dalle loro radice erano extincte; tutta la terra
et tutto il mare in possanza di quello populo era ve-
nuto, nè da alchuno inimico il detto populo avea ricevuta alcuna adversità o afflitione. Nè anchora e' Cesari,
nè li Anthonii, nè Tiberi, nè Neroni, peste et exterminii

---

* Nel cod. *et*, a cui ho sostituito l'articolo per maggiore chiarezza, conforme
al testo latino.

della republica aveano da quella levata la libertà; ma la sancta et inviolata libertà stava nel suo vigore, la quale, non molto dopoi fondata questa colonia, da sceleratissimi ladroni fue del tutto spenta.

Donde io credo questo adviene, che in questa egregia città veggiamo essere et essere stato più che nell'altre, che i Firentini maximamente amano la libertà et sono molto inimici de'tiranni. Et credo che tanto odio da quel tempo contra li usurpatori dell'imperio et destructori della republica Firenze ac concepto, che per insino a questo dì non pare averlo dimenticato; anzi se alcuno loro nome et vestigio è anchora rimaso, questa republica lo isdegna et ae in odio. Non sono nove chose nel populo di Firenze l'opere di partialità,* nè di pocho tempo, come stimano alcuni, sono comminciate. Longo tempo è che questa diferenza è stata presa, quando i perversi et i cattivi homini per ogni extrema scellerità assaltando la republica, la dignità de[l] populo romano, la libertà et splendore ne levarono. Allora di questo fervore accesi, questa gara et diferenza di parsialità fue presa da' Firentini, la quale fino a questo dì constantissimamente ac ritenuta. Nè per essere state nominate d'uno o d'altro nome in diversi tempi, pertanto sono state diverse; anzi è sempre stata una medexima cagione dal principio presa contra l' i[n]vasori dello imperio et fine a questo tempo constantissimamente conservata.

Et veramente è giusto et ragionevile odio, et più che debita pietà a l'anticha patria. Imperò che quale de'ro-

---

* L opere di partialità sarebbe la traduzione di partium studia.

mani potesse patire, lo imperio con tanta virtù acquistato quanto a Camillo, Publicola, Fabricio, Curione,
Fabio, Regulo, Scipioni, Marcello, Catoni et altri innumerabili santissimi et continentissimi homini dimonstrarono, nelle mani potere et volontà di G. Gallicula,
od a simili crudeli et scellerati tiranni essere perve-
nuto, ne' quali nè alcuna virtù, nè alchuno ricovero da
vicii si trovava? Egli era tra loro solo una et extrema
contencione, della quale con tutte forze contendevano;
che tanto erano accesi et solliciti per ogni maniera di
crudeltà uccidere i cittadini romani, che parea loro conseguitare grandissimo premio, se niuna nobilità, niuno
fiorito ingegno, o del tutto niuno cittadino fusse nella
città rimaso. Per la quale chosa avendo G. Gallicola
fatta quanto grandissima uccisione potea, et nientedimeno, sì come in grandissima città, moltissimi cittadini
restasseno, stanco già di uccidere et di tagliare a pezzi,
nè per alcuno modo possendo la crudeltà dell'animo
suo satiare, propose quella scellerata voce che fue testimonio della sua crudeltà, cioè: piacesse a Dio che il
populo romano avesse una sola testa, la quale ad uno
colpo io potessi levare.[13] Et certo elli il fecie; imperò che
mai fue sacio di* sangue de' cittadini, et di tutto arebbe
vota la città, se la vita um pocho più li fusse durata.
Egli puose la spada** per l'ordine de' senatori, et furono
uccisi chiarissimi et optimi cittadini, le nobili familie
consulari et triumphali dai fondamenti distructe, lassando solamente la plebe, la quale nientedimeno ogni
giorno come quasi ciurme di pecore uccideva. Adgiun-
geva ancora a questa bestiale crudeltà molto maggiori

---

* Nel cod. *di di.*
** Nel testo lat. *adactus est gladius per* etc.

scelleragine et non usate o publiche, ma per nessuno
tempo mai udite, nè da ricordarle senza abominacione
imperò che tre suoi sirochie carnali per lui medezimo
l'una dopo l'altra furono (c)orrotte et isverginate et te-
nute per suoi concubine. Et sono questi li imperatori?
sono questi i preclari Cesari, i quali molti stimano
essere degni di lode? Ma quale scellerità et vicii sono
questi, quali monstri di homini? Per le quali chose chi
si dee meravigliare se questa città ae preso tanto odio
contra quelle parcialità, il quale fine a questo tempo
ae conservato? Imperò che quale mai più giusta indi-
gnacione, o a chi più tocchava tale dolore che al populo firentino, veggendo il populo romano' suo padre
et auctore, il quale pocho innanzi a tutta la terra, per
lui con somma virtù soggiogata, signoreggiava, allora
privato dalla propria libertà, da ribaldi et cattivi huomini essere crudelissimamente istracciato? I quali se
la republica fusse nel suo vigore perseverata, sareb-
beno stati posti tra l'ultima fieccia della città.

Ma che diremo di Tiberio Cesare, avegna elli re-
gnasse innanzi a Gallicola? però che non è chosa degna
siano per ordine nominati, ne' quali mai regnò niuno
ordine nè alcuna ragione. Quale mai più oscura chosa,
quale mai più scellerata fue nè veduta nè udita, che la
crudeltà di Tiberio dimonstrata nell'izola di Capri in
tormentare et uccidere i cittadini romani, overo d'esso
imperatore e' suoi pesciatelli et anguicciole, che sono
exorabile et non mai udite maniere di libidine, che a
me medezimo pare essere vergogna d'Italia mai essersi
in essa cotali exempli di vicii ritrovati? Ma se questi
sono stati cattivi et pericolosi, forsi gli altri che sono
dopoi venuti sono stati migliori? Et quali sono questi?
Nerone et Vitellio, Domiciano et Heliogabalo? Mai si

certo; imperò che non si potrebbe agevilemente dire di quanta virtù et humanità fue Nerone. Agrippina sua madre con meravigliose lode leva al cielo la pietà del figliuolo, nè quello che verso la madre usò tanta pietà, debbiamo istimare essere stato verso gli altri crudele o dispietato; il quale ancho, acciò che il freddo non offendesse i suoi cittadini, da misericordia commosso, puose fuocho nella città.

O Gaio Cesare, come certo i tuoi nobili fatti ànno la città romana disfatta! Ma io voglio nel dire rafrenarmi, però che vi sono a chi dispiace, che Lucano doctissimo et sapientissimo huomo abbi di te scritto il vero.[14] Nè ancho forsi sono senza ragione; imperò che se molti et grandi vicii in te sono stati, nientedimeno da molte et grandi virtù sono coperti, il perchè di te il tacere è il più sicuro. Et per simile ragione lascerò il tuo figliuolo adoptivo, avegna che ben sappiamo da quale cagione tirato l'adoptasti. Ma io lasso tutto: nè ricorderò la sua strabuchevole crudeltà nel confinare et occidere li innocenti cittadini, nè i tradimenti contra il senato, nè i suoi stupri et adulterii; imperò che in lui, come ancho nel padre, fue alchuno vestigio di virtue che facea i vicii essere più sopportabili. Ma questi monstri, a' quali avete lo 'mperio lassato, per niuna virtù erano ricovrati di astenersi da quantunque grandissimi vicii. Il perchè ben ch'io lassi tutti gli altri vostri fatti, nientedimeno non posso fare che io mi dimentichi o ch'io non mi sdegni, che abbiate aperta la via a tante scellerità, quante i vostri successori in ogni modo di iniquità et crudeltà dimonstrarono.

Ma direbbe forsi alchuno: perchè dici tu questo? Dico che per l'uno et per l'altro: prima per dimonstrare questa città avere tali parti non ingiustamente prese; et ancho se intendesse questa nobile colonia a tale tempo essere fondata, nel quale la città romana per possansa, per libertà, per ingegni maximamente fioriva di chiarissimi cittadini. Imperò che sì tosto che la republica fue posta in possanza di uno solo, quelli egregii et preclari ingegni, come dice Cornelio,[18] sparirono, tale ch'è grande diferenza se allora o dopoi questa colonia fue edificata; però che già ogni nobilità et virtù della città romana sì era isvelta et sottratta, che quei (*che*) da essa si partivano, niuna chosa singulare o egregia poteano con loro portare.

Ma veduto che Firenze ae tali autori et fondatori, a' quali tutte chose che per tutto il mondo sono, per virtù et armi sogiogate, ànno obedito; et essendo ella a quello tempo fondata, nel quale il populo romano libero et intero di possanza, di nobilità, di virtù et d'ingegni maximamente fioriva, certamente da niuno si può dubitare, che questa una città non solo di bellezza et d'ornamento et, come noi veggiamo, di necessità di lu[o]co, ma anco di degnità et di nobile generacione sia molto excellente. Ma già andiamo a l'altre chose.

Da questi adomque progenitori *ornata** questa città, non per viltà nè per stracuragine s'ac lassata corrompere, nè ancho contenta dell'anticha et paterna gloria in ocio et delicie ae volsuto vivere, ma quanto in più chiaro et alto luogo ella è nata, tanto più pensando

* Nel testo latino *orta*.

maggiori et più alte chose da sè essere aspettate et desiderate, sì in ogni maniera di virtù ae i suoi autori seguitati, che per giudicio d'ognuno non s'ae punto dimonstrata indegna di tale nome et di tale successione. Imperò che non ae prima lassato le grandi guerre o contese, ch'ella s'abbi monstrata la sovrana et maestra d'Italia; la quale grandeza et gloria non per sedere o per istare adagio, nè ancho per vicii o per inganni ae aquistato, ma per grandissimo senno et prudencia et per grandi intraprese, per fede et integrità, per continencia, et sopra tutto per ricevere in sè le cause et defensioni de'minori. Nè s'ae ingegnato avanzare solamente per richezze, ma molto più per industria et magnificentia; nè ae riputato bella chosa il soperchiare altrui tanto per possanza, quanto ancho di giusticia et di humanità. Et con queste cotali arti ae ella conteso d'essere la principale, con le quali anco gloria et autorità ae aquistato, le quali non usando, cognosceva veramente tralignare dalle virtù de'suoi anticessori, et la nobilità de'suoi antichi esserli più d'incaricho che d'onore.

Et certo molto saviamente et veramente diliberò. Imperò che la degnità et grandezza de'maggiori allora fae illustri i discendenti, quando ancho loro per sua propria virtù sono preclari; ma se sono rudi et dissoluti o per altro modo dalla vera virtù forviati, lo splendore de'suoi maggiori non tanto cuopre loro vicii quanto li discuopre. Imperò che il lume della paterna gloria non patisce alcuna chosa essere occulta; anzi la buona avuta speranza, et quasi lo essere adimandata da tutti la virtù da' maggiori come hereditaria ricevuta, in sè rivolge gli ochi di ciascuno; la quale speranza se poi fallisse, per la fama et nobilità del lignagio tali non sono tanti nobili quanto infami. Ma come la grandezza et prestanzia de' maggiori non giova a quelli che per loro difetto inbastardiscono, chosì anco trovando quella alti et generosi animi de' successori, quasi come per uno acresciuto et multiplicato lume via più li illustra; imperò che la grazia et dignità *accresce,* et sono alsati gl'uomini al celo, quando in uno medezimo lu[o]co et la propria virtù et la nobilità de' maggiori si vede essere coniunta. La quale chosa veggiamo advenire a colui, del quale et chiarissime chose fatte et molti grandissimi exempli di virtù si veggono, ne' quali quella romana virtù et grandezza d'animo agevilmente si cognosce; il perchè questo tale è honorato sì per lo splendore et nobilità della progenie, sì anco per la propria virtù et propri fatti.

Et già credo della nobilità et altezza della loro generacione et progenie assai abiamo detto, ben che per sè medesima assai è manifesta; hora della virtù della città, cioè quale et come ella et nella patria et di fuori s'ae dimonstrata, ci resta a dire. Il che io farò brevissimamente; et perchè il presente mio parlare non patisce lunga discriptione d'istorie, tocherò solamente i luoghi.

* Nel cod. *acorresse.*

III

MA prima ch'io vegna al fatto, optima et necessaria chosa mi pare predire et avisare altrui, acciò che niuno mozzo da falsa opinione, mi inponga o l'essere troppo ardito o ignoranza, de' quali l'uno è vicio di stolti[ti]a, l'altro di legierezza; il perchè l'uno et l'altro si de' fuggire. Adomque io non dubito che a molti pochi savi sarò sospetto, ch'io non vogli aquistarmi con questo mio lodare la gracia et amore populare, et che, mentre io voglio trovare benivolensa, et quanto più posso, m'ingegno recharmi in amore le menti degl'uomini, abbi trapassato i termini di verità, et per lo usare ornato parlare abbi il vero col falso mescolato. I quali voglio siano da me avizati, overo più tosto disavisati: lassino cotale opinione et ogni tale sospecione levino da sè. Imperò che se io desidero essere caro et accepto agl'uomini, il che apertamente confesso desiderare, non però mi sono commosso volere questo conseguitare con blandisie o con lusinghe: et certo io oe sempre iudicato l'uomo doversi fare caro et grato altrui con virtù et non con vicii. Nè ancho per questa opera di lode adimando o richieggio essere in grazia; imperò ch'io sarei troppo stolto se per sì picola chosa cre-

dessi aquistarmi la gracia di questo numerosissimo populo. Ma in veggiendo questa bellissima città et meravigliandomi della sua excellencia, ornamento, nobilità
delle suoi dilicie et gloria, oe voluto provare se nel
mio dire potessi tanta bellezza et magnificencia explicare: questa è stata la cagione del mio scrivere, et non
volere uccellare benivolenza nè favore della aura populare. Anzi *è tanto a dire* ch'io abbi questa fatica presa
per aquistare gracia, *o non ch'io* * oe sempre stimato
fare assai per me, se per questo lodare non mi tiro in-
contra più tosto odio et malivolensia che amore et
gracia. Imperò che grandissimo pericolo mi parca in-
correre, che tutti quelli a' quali il fiorire di questa republica dispiacie, non mi fusseno contrarii; et anco da
ora non cesso dubitare. Già tutti l'invidiosi, tutti gli
aversarii, et tutti quelli che sono mai stati molestati
vinti et sconfitti da questa città, o loro o i loro anticessori, tutti questi cotali per questa mia laudacione
mi si faranno inimici; tale che veramente io temo, non
mi rechi adosso grande carico di malivolensa. Ma io
porrò uno patto, il quale niuno ragionevilmente potrà
rifiutare: se io dirò alchuna chosa falsa o passionata-
mente o fuori di ragione, giustamente mi siano adversarii et inimici; et se quello (*che*) io dirò sarà vero, et
in dimonstrarlo oserverò debita modestia, non s'adirino
contra me. Qual condicione più giusta si può proporre?
Chi è sì ingiusto o sì perverso, che stimi degna chosa
a turbarsi, se delle suoi proprie et vere lode io adorno
questa città?

Adomque per tutte queste predette ragioni si può
chiaro intendere, ch'io non mi sono indutto a scri-

---

* Nel testo latino: *tantum autem abest... ut semper arbitratus sim etc.*

vere per aquistare gracia, nè essere alchuno il quale giustamente contra me si possi adirare; ma essendo tante et sì diverse nature d'uomini, non dubito molti seranno, presso a' quali le miei ragioni saranno di poco vigore riputate. Imperò *che** ad alcuni la verità per sè stessa è odiosa et molesta; alcuni altri o per malignità di natura o per ignoranza delle chose non credeno alcuna chosa essere vera, se non quello (*che*) sia a loro grato: cotesti tali mi noteranno di vanità et di me calunpnieranno, ch'io neuna chosa abbi sinceramente scripto. A' quali io dinuncio et aviso, non vadino meco con astuzia, nè voglino temerariamente saltare al condanpnarmi, ma bene ripensino quello (*che*) stimano da essere ripreso; et sopra tutto abbino a mente, ch'io non parlo particularemente della virtù et prestanzia di ciascheduno cittadino, ma di tutta la republica. Il perchè se uno overo un altro in questa città siano nel loro vivere scorretti, non per questo si dee riferire alla comune calunpnia d'una città; la quale l'opere de' cattivi cittadini suole non tanto seguire quanto anco punire, et niuna città fue mai sì bene regolata o acostumata, che di tutto fusse vota di gattivi. Ma come le buone et virtuose menti di pochi non levano la infamia della stolta et perversa moltitudine, così ancho la perversità et malicia de' pochi non dè privare tutta una republica dell'essere per virtudiose opere lodata. Altri sono li mesfatti publichi, altri i particulari; et è tra loro grande diferenzia: ne' particulari si riguarda l'animo dell'operante, ne' publichi il volere di tutta la città. Ne la quale chosa non si riguarda tanto la opinione d'uno o d'un altro, che sia per leggi o per uzanza constituito: quello

* Nel cod. *de.*

'*che,* farà la maggiore parte del populo, quello medezimo paia essere da tutta la città fatto. Et negli altri populi la maggiore parte vince la migliore; ma in questa città quella si tiene essere stata la migliore, ched è la maggiore. Per la quale chosa non mi accusino falsamente, nè mi rimprovino i fatti de' particulari homini, non più che se a la continensia de' Romani rimproverasseno i furti di Velres che fue loro cittadino, o a la fortezza delli Atheniesi, la viltà di *Tersite.* *

Et se vogliano cognoscere quanta sia la prestanzia di questa città et che da me non è senza ragione tanto lodata, cerchino per tutto il mondo et di tutte l'altre scelg[h]ino una città, la quale voglino con questa nostra comparare, non certo di splendore o di ornamento, nella quale chosa niuna à al mondo pari; non di nobilezza, nella quale chosa senza contrasto tutte l'altre gli danno luogho; ma di virtù et d'altri grandi fatti: se vogliano considerare, già comminceranno intendere quanta diferenzia sia tra questa a l'altre città, imperò che niuna troveranno che in ogni maniera di lode a questa possi asimigliarsi. Et perchè io oe detto in ogni maniera di lode, io mi fo presso a dimonstrarlo.

Se trovano alchuna città che in qualchuna maniera di virtù sia stimata per opinione di homini avantaggiare, in quello medezimo di che è riputata excedere, faccino la prova: non se ne troverà alchuna, che di quella sua

* Nel cod. Corsino conforme a parecchi codici latini, che hanno *Chersilli.* Chersili Il Laur Conv Soppr 1018 e tor ha *Thersiti.*

excellencia da questa non sia vinta, nè per alcuno modo
in qualumque maniera di lode o di virtù si porrà trovare
a questa pari, non di fede, non di industria, non di
humanità, non di grandezza d'animo. Pongano al para-
gone qualumque celebre et famosa città e' voglino, che
Firenze non teme lo afrontarsi con ciaschuna. Cerchino
per tutto il mondo una città che si possi istimare in
qualche singulare specie di virtù avere grandissima
gloria conquistata, facciasi comparacione di grandissimi
fatti, et maximamente in quello in che si crede qua-
lu[m]que altra soperchiare; che veramente non ne po-
tranno trovare alchuna, se non vogliano ingannare se
stessi, che non sia grandissimamente da questa avan-
zata. Imperò che è meravigliosa la virtù di questa città,
et in ogni specie et maniera di lode non pari exemplo.

Et lassando la sua prudencia, la quale per giudicio
d'ogniuno singularemente a questa città è attribuita,
et per la quale in ogni tempo tutte chose con grandissima industria veggiamo da lei essere provedute: di
quale mai fue odita tanta beneficencia, quanta noi veggiamo essere et sempre essere stata in questa città, et
che tutti abbiamo sentito la sua liberalità, et maximamente quelli che più n'ànno avuto bizogno? Il perchè
tutti quelli i quali overo per seditioni cacciati, overo
per invidia turbati, sono fuori della patria, tutti ven-
gano a Firenze, quasi come a uno unico refugio et segurtà d'ognuno. Nè ci è alcuno in tutta Ytalia che non
si reputi avere doppia patria: l'una, ciascuno la sua
propria; l'altra publicha, la città di Firenze. Onde adviene che questa è una certa comune patria et di tutta
Ytalia certissimo rifugio, al quale tutti, quando è bizogno, si riducano e sono ricevuti con grandissimo
favore et benignità delli abitanti; imperò che gli è tanto

lo studio di benificenza et di humanità in questa republica, che pare con chiara voce gridare et a tutti
dare testimonio, che niuno sè istimi essere di patria
privo, tanto che Firenze durerà. Alla quale publica
fama di benignità seguitano molto maggiori gli effetti
che le promesse, imperò che non solamente sono con
lieta fronte ricevuti, ma ancho, se non si ripenteno,
sono di denari et d'avere aiutati; le quali chose loro
usando, overo possano, se vogliano, con honore rima-
nere, overo che possano ritornare a chasa loro. Non
sono queste chose vere? et sarè alcuno maligno che
questo ardischa negare?

Et sono di queste cose infiniti mortali testimonii,
i quali essendo da povertà oppressi et cacciati dalle
loro città, sono stati aiutati della pecunia publica et
comune, et per beneficio di questa città ris[ti]tuiti
nella loro patria. Sono ancho testimoni molte città,
le quali o per conspiracione de' vitiosi o per violenza
de' tiranni essendo oppresse, di consigli, d'avere, di
denari sono state substentate, et a tempo gravissimo
et maleagevole conservate. Lasso le paci e concordie
fatte da questa città tra i populi discordi; lasso le
ambascerie mandate ovcomque turbacione è stata per
riconciliare li amici, nella quale chosa questa città
promptissimamente sempre ae intraposta la sua autorità. Adomque non si potrà chiamare questa beneficentissima, la quale per l'altrui utilità et comodi abbi
tante chose intraprese? overo potràsi per tante virtù
et meriti assai degnamente lodare? Però ella non potè
mai sofferire le ingiurie de l'altre città, nè mai con
otio potè stare a vedere l'altrui calamità; ma prima
con ogni diligenza s'à ingegnato con parole et autorità
a chonciare le chose et, se essere potesse, trattare la

pace; il che se non potea conchiudere, sempre ae aiu-
tata quella parte, a la quale da' più potenti è stata fatta
ingiuria. Et in ogni tempo talemente ae difesi i deboli,
che parea istimasse a sua cura et difensione apartenersi che niuno populo d'Italia patisse ruina; il perchè
non mai per cupidigia d'ocio, nè per alchuna paura fue
commossa al consentire, che niuna republica fusse da
ingiurie gravata. Nè pensò mai dovere starsi ociosa
et tranquilla, quando ae veduto alcuna città o conle-
gata o amica o almeno non inimicha essere in pericolo;
anzi subito levandosi et in sè ricevendo l'altrui cagioni,
s'ae posta nel mezzo contra il furore et ae difeso quelli
che pareano dovere perdere, et aiutato loro con gente
d'arme et con denari. Et chi adomque mai per tanta
benivolensia et liberalità assai loderà questa città? O
quale città è in tutto il mondo, che in ogni loda a questa
si possi conferire? la quale per aiutare altrui ae consu-
mata tanta pecunia, et in grandi pericoli tanti difesi?
Cierto quella città che ne' pericoli difende l'altre, è ne-
cessario da quelle essere chiamata patrona; et quella
che è patrona, chi neg[h]erà quella per degnità, per
possanza, per industria, per autorità dovere precedere
l'altre?

Ma a questa tanta benificensa et liberalità è con-
giunta una mirabile fede, la quale questa republica
sempre con grandissima constanzia inviolabilmente ae
conservata. Imperò che sempre ebbe tale animo, che prima che prometta, diligentissimamente provegha et bene
consideri; ma poi che ae promesso, per niuno modo con-
tradire. Il che avendo da principio veduto, et parendoli
essere così giusto, per niuna apparensia di utilità mai
fue mossa, che patti, convensioni, concordie, sacramenti
o promesse alchune violasse. Imperò che ae stimato

niuna chosa più apartenersi a la dignità d'una republica, che in tutti i detti et fatti oservare constanza; et
niuna chosa più vile o aliena da dignità, che mentire a
le promissioni. La quale chosa è opera di cattivi huomini, i quali sono sommamente inimici delle republiche,
del cui numero è quello che disse: se la mia parola è
falsa, io porto la mente intera et inviolata.[16] Il che questa giustissima città mai pensò esserli licito, et però in
ogni chosa con grande maturità ae condisceso al pro-
mettere; et quello che una volta ae promesso, non
meno ae giudicato non doversi mutare, che quelle chose
che non sono nel suo potere. Imperò che tanto è stata
in questa città valida et pregiata la fede et la integrità,
che ancho a l'inimici religiosissimamente ae servate le
loro ragioni, nè mai in cotale materia s'ae trovata mentire. Donde aviene che gl'inemici dubitarono mai seguire la fede di questa republicha, anzi tra loro il nome
di questa città sempre è istato di grandissima autorità.
Et di questo è apertissima ragione che molti huomini,
essendo prima suoi manifestissimi inimici, tuttavolta i
loro figliuoli et loro fortune ànno posto in segurtà et tu-
tela di questo populo, considerando et seguendo la fede
et la humanità di questa città; delle quali due, l'una molto
vale a perdonare le ingiurie, l'altra con somma giustizia
a oservare quello che è promesso. Et cotale speranza
non è stata lo[ro] fallita; imperò che le altrui chose con
grandissima diligenza governate, sì bene et interamente
sono state restituite a' loro patroni, che non solo quelli
che a la fede di questa città ànno creduto non sono
stati stimati fallire, ma ancho molti altri sono per loro
exemplo provocati. Però che ella sempre ae avuta cura
a ciascuno con grandissima diligenzia dare il suo diritto,
et in tutte chose preporre la honestà a la utilità; anzi

non ae istimata alcuna cosa essere utile se non è stata
honesta et honorabile.

Ma tra le molte et preclare virtù delle quali io trovo
essere Firenze ornata, niuna mi pare vedere maggiore
nè più excellente, nè in cui la romana progenie et virtù
si ricognosca, che la grandezza dell'animo suo, et il
poco pregiare i pericoli. Imperò che quale altra puote
essere cha romana virtù, in ogni tempo avere sempre
guerreggiato et avere sempre ricevute grandissime
contese et battaglie et, che è chosa più rada et meravigliosa, a grandi pericoli et a tempi troppo male age-
voli tenere la mente ferma et constante, nè mai ismi-
nuire la grandezza dell'animo? Lo imperadore turbato
è stato a le porte di questa città, minacciandoli fuocho
et rovina, seguitato et acompagnato dalla parte delli
inimici aparechiati a morire per optenere vittoria. Et
l'oste loro era p[o]sto entra il primo termino; ator[no]
la città ogni lu[o]co di grida et d'armi ribombava. Nè
mai Hanibale con sì acerbo animo, nè con si inimiche-
voli segni venne a Roma a Porta Colina, come allotta
quel monstro contro alle mura di Firenze pareva rovinare. Et con questo era peggio, che quella parte della
città ch'era maximamente all'oste opposita, pareva a
quello tempo essere poco forte; il perchè non v'era cittadino che osasse o prendere l'armi, o non sbigottire.
*Ma** la fortissima città le suoi minaccie etfurore sì pocho pregioe, che con tali condissioni stando egli molti
giorni acampato presso alla città, mai dentro da essa vi
fue temuto; anzi tutte chose nè più nè meno si faceano,
come se non vi fusse pericolo alcuno, nè che alchuna
possanza di nemici vi fusse presso. Tutte le botheghe,

---

* Nel cod. *Ma* a.

fondachi, granaii erano aperti; niuno lassava adoperare, nè mai fue lassato lo aministrare giusticia a ciascuno. Le quali chose essendo a lo imperadore raportate, meravigliandosi di tanta prestanzia et magnanimità di città, si levoe da campo. [17]

Nè solamente Firenze è stata forte in contrastare et a fare resistensa, ma ancho spaventosa in assaltare, cioè in vendicarsi delle ricevute ingiurie. Imperò che, avegna che mai abbi voluto offendere alchuno se non prima offesa et adiciata, nientedimeno quando ae alcuna iniuria ricevuta, s'ae dimostrato per suo honore potentissima combatitrice, et ae in ogni tempo questo in sè avuto, che è stata accesa d'una incredibile cupidigia di gloria et di lode. Il perchè sempre ae intraprese chose molto ardue et grandissime, nelle aministrationi delle quali mai ae schifato grandi fatiche o grandi pericoli. Io potrei qui racontare fortissime terre per forza prese, innumerabili segni di vittorie da' vicini populi posti per questa città, egregie opere et grandi fatti d'armi *del*** populo firentino di fuori uscito furibondo nell'armi. Ma non è opera da racontare hora sì varie et diverse contencioni di guerre, nè sì lunghe chose; elle aspettano il suo proprio tempo, et certo grande, il quale noi, come io credo, qualche volta prenderemo, et equalmente ciascuna chosa (*che*) sia da questo populo facta, con lèttore et scripttura porremo a memoria. Ma al presente per uno exemplo qua[l]cheuno raconteremo, acciò per quelli si possi cognoscere, quale sia stata la *virtù* ** di questa città.

---

* Nel cod. *dal*

** Nel cod *verita*, nel testo latino « *quanta in ceteris quoque fuerit civitatis*

Volterra è anticha et nobile terra di Toschana, ma
è posta in sì alti monti che a pena gl'uomini disarmati
vi possano andare. Intrapreseno i Firentini a combattere questa città; imperò che la virtù, usata a soperchiare tutte chose durissime, non stimava nè l'asprezza
del luogho, nè lo disavantaggio del combattere. Adomque, giunte che furono le brigate costaritta, incommin-
ciando a pigliare del monte, et quelli della terra *dalli**
altissimi balsi rovinando contra loro, dall'una et dal-
l'altra parte fue aspramente combattuto. Et il numero
de'combattenti era quasi pari, ma non piccola diferenza
era tra la grandezza degl'animi et il sapere combattere.
Et l'aspra natura del luogo molto era a' Volterrani fa-
vorevile, però che si vedeano d'alto non solo con
ispade et lance difendere la scesa, ma ancho giù per la
discesa rovinare grandissimi sassi. Ma i Firentini per
l'aspre grotte suso montavano, nè ferro nè sassi nè inimici nè alcuna asprezza del monte poteva contra la
loro forza resistere. Il perchè contra il potere dell'inimici a poco a poco guadagnato il monte, et rincalciati
i Volterrani dentro alle mura, preseno di primo asalto
la città, che di mura era grandissimamente guarnita.
Et questo fecie il populo firentino senza alcun' aita
d'altri forestieri, ma lui solo guerreggiando, et per suo
honore et gloria prontissimamente combattendo. Ma parendo questo ad altri chosa egregia et preclara, quelli
maximamente sono stupefatti che ànno veduto Volterra;
imperò che a ugnuno è chiaro, che non è in tutta Italia
alchuna più forte città. Et allora era piena di molti
audaci et forti huomini, i quali per loro salute et libertà
fortissimamente conbattevano, et nientedimeno furono

---

* Nel cod. *delli*.

vinti et superchiati da maggiore virtù. Chi adomque non si meravigli, una potentissima città essere presa in uno giorno? chi non leverà al cielo la virtù di quelli che la preseno? [18]

Et tali adomque sono le chose per lei fatte, la sua virtù et fortezza; et con questo grandezza d'animo molte volte ae rotti i Senesi, molte volte i Pisani, et molti potenti tiranni suoi inimici sovente ae domati. Ma quella chosa sopra tutte è preclara, ch'ella grandi fatiche et battaglie non solamente per la sua, ma ancho per l'altrui utilità ae ricevuto. Imperò ch'ella ae riputato maximamente apartenersi alla sua dignità et grandezza, per l'altrui salute et libertà puorsi a grandissime dificultà, et per suo aiutorio diffendere molti. I Pisani, sempre male d'accordio con questa città, incomminciaron a fare guerra a' Luchesi, amici et compagni de' Firentini. Alfine, a bataglia ordinata venuti combattendo, et essendo sconfitte le genti de' Luchesi et molti di loro menati prigioni, i Firentini che a quello tempo aveano posto campo nel contado di Pistoia, udita la rotta de' Luchesi suoi amici, non perdetteno punto l'animo, nè temeron i Pisani per la nuova vittoria insuperbiti; anzi levati da campo dove erano, et con ogni cellerità dirieto a' vincitori commossi, giunseron i Pisani prima che in Pisa potesseron entrare. Et loro vigorosamente assaltando, talemente mutarono la loro vittoria, che quelli Luchesi ch'erano menati prigioni, grandissimo numero de' Pisani ch'egli avean presi et che erano campati dalla rotta, a Lucha legati et presi ne menarono. Et in questo modo la virtù de' Firentini conservò i Luchesi, et humiliò la superba vittoria de' Pisani, et a sè aquistò laude et gloria. [19] Ma in questa sì preclara opera di questa città, qual chosa sarà piu lodata, overo la virtù per la quale ànno vinto, o la grandezza dell'animo, per la quale si puoseron a perseguire i vincitori, o la loro benificensia, che per salute delli amici si puoseno a sì grande contesa? Certamente queste tre chose in uno medesimo fatto mi paiono sommamente da lodare.

Ma io non posso ciaschuna chosa con sua propria laulde seguitare, però ch'io temo non esser troppo lungho, et ancho maggior chose mi sospingano. Imperò che non solamente in particulare a questa o a quella città ae Firenze dimonstrata benificensia, ma anco in comune a tutta Italia; et certo ella ae istimato essere opera di pusillanimo lo essere sollicita solamente per le suoi commodità; et per contra essere cosa gloriosa, se molte genti sentisseno et assaggiasseno il frutto delle suoi fatiche. La quale essendo talemente animata, per la salute delle città vicine s'ae fatta conbatitrice, et sempre che qualche confine tirannia, *o avara possanza de' populi è sopravenuta,** talmente s'ae loro opposta che a tutto il mondo è stato palese: a lei come a difensatrice della patria, s'apartenea combattere per la libertà d'Italia. Et non solo essendo chosì animata ae posto et recato a fine il suo concetto, anzi a la sua pietosa et giusta volontà Idio ae porto grande favore. Et io non voglio troppo antiche chose racontare, ma quello dirò che ae veduto la nostra età; avegna io vegga a tutti essere manifesto, non una volta sola da questa città tutta Italia essere liberata dal giogo di servitù. Ma lassiamo tutte l'altre, et consideriamo tutte le chose di nuovo fatte.

* Nel testo latino *potentia populis immineret.*

Saràvi alcuno di sì grosso ingegno o sì dalla verità trasviato, che non confessi tutta Italia dovere essere sogiogata al Duca di Milano, se questa città col suo senno et potere non avesse fatta risistenzia? Imperò che chi era in tutta Italia che pef possanza o per industria con tale inimico si potesse aguagliare? o chi arebbe potuto durare alla sua forza, essendo il suo nome in grande terrore a tutti i mortali? Et già non sola Italia, ma anco gli oltramontani il suo nome ispauriva di potere di denari et di genti, ma molto più per senno et astusia, et aveva grandissima et spaventevile possanza. Tutto il paese di Lombardia et quasi tutte le città che da l'Alpe fine in Toscana et in Romagna tra due mari si contengano, erano in suo potere et a sua obediensia; in Toscana tenea Pisa, Siena, Perugia Asissi, et alla fine avea presa Bologna. Oltre questo molte terre, molti potenti et nobili signori, o per paura o per speranza di rubbare o per inganni sobornati, seguivano il suo nome et la sua prosperità, nè mancavano a sì gran potere et a sì ampie richezze. Ma elli molto più felice arebbe potuto essere, se avesse la sua industria ingegno et diligensia excrcitata in buona parte. Mai furon in huomo più sottili avisi, nè più astuti consigli: et parea essere in ogni luogho presente, nè lassava chosa in pace et che non volesse isperimentare. Faceasi amici altrui, qual per denari, qual per doni, qual per apparensia d'amicisia, qual con promesse; tutti i populi d'Italia percoteva seminando tra loro discordia, i quali poi che erano tra loro assai afflitti, sopragiungendo con la sua possanza, li soggiogava. Et finalementi le suoi arti apparivano in ogni luogo; onde molte potenti communità, veggiendo la sua grande possanza, inspaurite dava[no] luogo a' tempi. Ma la magnanimità de' Firentini mai potè temere, **nè** giudicò per nulla smuovere alcuna parte della sua dignità; imperò che sapeva essere natura de' Romani et di loro progenie sempre conbattere per la libertà d'Italia. Et così avea udito i suoi maggiori contra i Cimbri, contra i Tedeschi et an[cora] contra i Galli avere conbattuto, nè mai avere temuto o la ferocità di Pirro re degli Epiroti, o la fraudulensia d'Annibale cartaginese; nè mai avere schifate fatiche per conservare la sua grandezza et dignità, anzi in grandissimi pericoli avere grandissima gloria aquistata. Il che anco istimò dovere fare, se la virtù et splendore da' suoi maggiori lasciatoli, volea conservare. Le quali chose bene seco ripensando il populo firentino, con sì alto et grande animo si puose in guerra, che pareva al fatto avere deliberato, o vivere con honore et gloria, o per quella medesima valorosamente morire. Et istimò essere honesta et virtuosa cosa il luogo da' suoi maggiori datoli talemente diffendere, che mai qualumque possanza o richezze ponesse inansi a la sua dignità; anzi con grandissima prudensia et constanza di mente giudicò farsi prompta et apparechiata a gittare ogni pecunia et la propria vita per mantenere la sua libertà. Imperò che richezza et denari et altri simil cose sono premi et ispoglie di vincitori, a' quali guerreggiando chi si fa suggetto, et pensando con quelli soli beni potersi diffendere et quelli eleggie, questo tale fae più tosto il fatto de l'inimico che il suo. Adomque questa città così animata al suo detto et potentissimo inimico con sì somma virtù si oppuose, che poco prima parendogli a tutta Italia signoreggiare, nè credendosi alcuno in Italia poterli resistere, finalmente fue constretto a dimandare pace et dubitare di sigurtà dentro alle mura

di Pavia et, che più è, non solamente lassare le terre
per lui in Toscana o Romagna possedute, ma anco perdere grandissima parte di Lombardia. O incredibile
virtù et magnificenza di città! o veramente romana generacione, et progenie di Romulo![20]

Chi adomque non riceva con grandissimo favore il
nome et fama de' Firentini per tanta excellensia di
mente et per la grandezza di tali chose fatte? Imperò
che quale più grande chosa o più preclara potea questa
città fare? o (in)* quale altra chosa poteva la virtù de'
suoi maggiori in sè conservata più dimostrare, che tutta
Italia di suoi facultà et fatica fusse di servitù liberata?
Donde di giorno in giorno da tutti i populi sono a questa
città honori lode et gracie riferite, et da lei tutto a Dio
rimisso. Imperò che sempre ae oservata tale modestia,
che questi egregii fatti ae voluto più per beneficio divino,
che per propria virtù essere accetti. Per la quale cosa
non s'è gomfiata in prosperità, nè mai da ira fue sua vittoria aconpagnata, nè mai s'è inffiammata contro a quelli,
contra i quali avea giusta ragione di adirarsi; anzi ae
dimostrata diverso i perditori e' vinti grandissima humanità, acciò che avendo eglino in guerra paura sentito, così anco nella vittoria provasseno la sua clemensia.
Et tra l'altre supreme virtù di questa città questa è
l'una: oservare in ogni tempo la sua dignità, nè ae auto
manco cura a fare grandi cose, che in quelle exerci-
tando, servare il suo honore. Per la quale chosa nè mai
per prospora fortuna s'è exaltata, nè per alcuna adversità posta al basso; ma per la sua modestia nella prosperità, et constansia nelle adversità, et per la grande

---

* Nel testo latino aut in qua

giusticia et prudensia in tutte chose, chiarissimo nome et grandissima gloria presso a tutti i mortali s'ae aquistato.

Et essendo questa città così forte et meravigliosa, tuttavolta per le usanze et costume domestiche et civile, et per lo sapere correttamente et con somma modestia et frugalità vivere, in nessuno luogo si trova tanto ordine, nè si bella politezza, nè di tutte chose tanta convenensia. Imperò che come nelle cordi della cithara è proporcione et concordia, a la quale, mosse tra loro, di diverse voci et tuoni risulta tale consonancia et melodia, che gniuna chosa pare essere più gioiosa nè più soave a udire; chosì questa prudentissima città sì bene ae tutte le suoi parti regolate, che indi risulta una suprema et concorde republica, la quale per sua conveniencia alle menti et agli ochi di ciaschuno dac grandissimo diletto. Nulla cosa è in essa disordinata, gniuna inconveniente, niuna senza ragione, niuna senza fondamento; tutte cose ànno suo luogho et non solamente certo, ma conveniente et debito. Distinti sono li officii, distinte le dignità, distinti i giudicii, distinti gli ordini; et queste tutte chose sono talmente distinte, che come tribuni a lo imperatore, cioè i condutteri al capitano, così i minori al supremo della republica si concordano.

Adomque sopra tutto con ogni diligenzia è proveduto che la santissima giusticia vi regni, senza la quale niuna città puoc essere, nè essere nominata; dapoi, che ci sia la libertà, senza la quale questo populo mai ae disposto vivere. Et a queste due chose in-

sieme congiunte, quasi come a uno segno et a uno
porto, tutte le suoi leggi et provigioni sono dirissate;
et per la giustizia sono ordinati li officii, a' quali è concessa autorità che puniscano i cattivi, et maximamente
proveggano, che la possanza di niuno non abbi maggiore virtù delle leggi. Ma agli officii tutti i cittadini
et gl' uomini di qualumque condicione sono constretti
ubidire, et fare a loro insegne di riverenza. Ma perchè
i conservatori delle leggi in suprema possanza posti,
non possino credere essere a loro concessa tirannia
et non la guardia de' cittadini, et mentre che rifrenan
gli altri, si isminuisca parte della libertà, cautissima-
mente è stato proveduto. Et prima il sovrano officio,
che pare avere virtù d'una regale autorità, con tale
cautela è moderato, che non a uno solo ma a nove, nè
per uno anno ma per spasio solo di due mesi, sia di-
stribuito. Imperò che ae istimato in cotale modo egre-
giamente doversi governare la republica, se la plura-
lità di sentensie rimuove l'errore del consiglio, et la
libertà del tempo levi la insolencia. Essendo adomque
divisa la città in quatro quartieri, acciò che ciascuna
parte abbi la sua parte d'onore, di ciascuno de' detti
quartieri si elegano due cittadini, et non per ventura
ma già prima per giudicio del populo aprovati et di
cotale honore degni giudicati. Et a questi otto cittadini
per governare la republica è agiunto a vicenda di quei
medezimi quartieri uno cittadino sì per virtù come per
autorità excellente, che nel detto collegio sia principale, et per exequitare giustizia contra i turbatori et
sediciosi sia gomfalonieri. Adomque questi·nove cittadini, a' quali è commisso il governo della republica,
non vuole la città che abitino se non nel palazzo publico, acciò siano più apparecchiati a trattare le chose

del comune; nè vuole che n'eschino se non con pompa et da sergenti acompagnati, acciò paia essere più degna et maggiore la loro maestà. Ma perchè spesso avengono tempi per i quali pare essere bizogno di maggiore consiglio, sono a questi agiunti dodici buoni cittadini, i quali con gli altri nove abino a consigliare la republica. Et oltre a questi sono agiunti i gonfalonieri della gioventù, ai quali, quando di correre a l'armi per difendere la libertà fusse bizogno, concorre et seguita tutta la moltitudine. Questi cotali sono al consiglio, et sono eletti de' quartieri come li altri sopra detti officii, et dura il loro potere lo spacio di quatro mesi.

Ma questi detti tre collegi[n] non ànno però l'autorità a giudicare tutte le cose, anzi molte cose, essendo da loro proposte, sono poi riferite al comune et al consiglio del populo; però che quelle cose che s'apartengono a molti ac giudicato essere giusto et ragionevile doversi concludere per sentensia et parere di molti. Et in cotale modo si mantiene la libertà, et la giustisia è santissimamente nella città conservata, quando non si può alcuna cosa diterminare contro la volontà et sentensia di molti per disordinata volontà d'uno o d'altro. Et questi tali cittadini consigliano la republica, fanno altrui ragione et giustisia, conservano le leggi, et diterminano tutte chose per dirittura.

Et a dare sentensia secondo le leggi et fare sangue sono ordinati minori officii, a' quali non punto cittadini, ma forestieri da lungi sono chiamati; non perchè i cittadini non lo sapesseno fare, però che questo fanno nell'altrui città, ma acciò che per causa di cotale iurisditione non naschino tra loro odio o inimicisie. Imperò che molti dal troppo amore ingannati danno a loro stessi più ragione che non patiscano le leggi; i quali, benchè siano dirittamente giudicati, tuttavia si lamentano delli officii. Et oltre questo parve grave chosa in una città libera l'uno cittadino dare sentenzia della vita dell'altro; però che questo tale, benchè facesse giustamente, nientedìmeno tra gli altri parrebbe essere maculato et abominabile. Et per questa cagione da longi sono chiamati i giudici et sono loro date le leggi, dalle quali per niuno modo puonno prevaricare; però che le riceveno con sacramento di oservarle, et conpiuti loro officii stanno a sindacato, et de' loro officii rendeno ragione al populo. Et così in ogni cosa signoreggia il populo et la libertà.

Ma perchè fusse a ciascuno più agevole in tale amplissima città conseguitare sua ragione, acciò che mentre che i cittadini negli officii sono occupati, agli altri non manchino le leggi et la giustizia, è ad alcuni collegi data l'autorità di giudicare et tra loro sentensiare, come anco tra i merchatanti, cambiatori, et anco ad alcuni altri, de' quali certi ànno l'autorità rifrenare loro officiali. Sono anco altri officii, o per rendere publica ragione, o per causa di pietà ordinati, tra' quali sono li officiali delle gabelle, et gli officiali del monte, et anco i denfensori de li *pupilli** il quale officio è molto utile in publico et in particulare, et salutevilmente da questa beneficentissima città ordinato. Ma di tutti gli officii, che in questa città molti et amplissimi sono, niuno è più illustre, nè da maggiore principio disceso,** che

---

* Nel cod. *de li populi*, nel testo latino *pupillorum pupillorumque rerum protectores.*
** Nel Riccard. 705 « *neque ampliori inicio ceptus, neque salubriori consilio continuatus, neque feliciori fine aut voluntate perfectus* etc. ». La maggior parte de' codici hanno invece « *usque a pulchriori initio causaque profectus* etc. ».

quelli (*che*) sono chiamati capo di parte;* dc l'origine de' quali fia forse utile racontarne alcuna chosa,
acciò la loro dignità meglio si possi cognoscere. Et
sarà una brevissima incidensia, et come io credo, no[n]
disutile, nè indegna a sapere.

Essendo stati sconfitti i Firentini in Val d'Abbia da'
fuoriusciti loro inemici, parendo per la grande percossa
della republica la città non si potere difendere, tutti
quelli cittadini ch'erano d'animo alto et generoso per
non vedere signoreggiare quelli che aveano apertissi-
mamcnte tradita la patria, abandonata la città le case
et tutto il loro avere, con le mogli et figliuoli se n'andarono a Lucca, mossi dallo laudevolissimo et preclaro
exemplo delli Atheniesi; i quali nella seconda guerra
de' Persi a tempo abandonoron la città, per potere poi liberi et franchi in essa habitare. Et però con questo animo
li egregii cittadini ch'erano di tanta rotta rimasi, par-
tirono della città, stimandosi a questo modo avere migliore modo al vendicarsi, che se dentro rinchiusi aves-
seno fame et extrema distrussione aspettata. Venuti
adomque a Lucha et ragunati quelli i quali per la per-
dita della battaglia erano stati dispersi, sì ricovraron
et riforniron d'armi, di cavalli et di tutte chose a guerreggiare necessarie, che ognuno dell'alteza dell'animo
loro si meravigliava. Et dopoi molti belli fatti per loro
in Italia dimostrati, sovente avendo li amici loro aiutati,
et per loro ardire et virtù avendo quelli della contraria
parte non poco abassati, et d'ogni luogo dove conbattuto aveano riportando vittoria, veggiendo essere ve-
nuto quel tempo da loro disiderato, nel quale potevano
levare le note et machie della patria; contra il re Man-

* Nel testo latino *optimarum partium duces.*

fredi di Sicilia, il quale era capo della contraria parte in Italia,* n' andarono, seguitando uno nobile et prestantissimo duce, il quale per abassare la insolencia del detto re Manfredi il Papa avea di Francia fatto venire.[22] Et di poi che in Puglia perveneron, io direi volentieri quanta virtù in ogni luogho dimostrarono, se questo (il luogho et il tempo patisse; ma per dire in brevità, tali si dimostra[ro]no, che anco il re Manfredi suo acerbo inimico, la loro prestansia et il bello non meno che feroce aspetto veduto, fue contretto a lodarli. Essendo adomque vincitori nella Puglia, et il loro inimico morto, dal loro re con magnificenza lodati et premiati, ritornaron in Toscana, et cacciatone quelli che poco prima governavano la republica et de' vicini inimici essendo vendicati, ordinarono uno collegio, al quale furon preposti de' principali cittadini, che fusseno capi di cotali parti et capitani di cotale nobile et giusta conspirasione.[23] Per la quale chosa questo officio da cotale cominciamento proceduto, ae grande autorità nella città, però ch'è posto quasi come a una guardia, che la republica non eschi del modo et regola presa et oservata da' maggiori, et che il suo governo non si converta a huomini d'altra affetione. Et per tanto quello officio che a Roma aveano i Censori, in Athenes li Aropagiti, et in Lacedemonia li *Ephori*, ** queli medesimi sono in questa città i capi di parte guelfa, i quali sono di quelli me-

---

* Il testo latino ha nel maggior numero de' codici « *in Italia erat, et milites suos ad Arbiam miserat, profecti sunt* ». Il Riccard. 705 ha invece « *in Italia erat profecti sunt, ut romanos eorum progenitore imitarentur, qui nedum pro salute sed etiam pro gloria certavere; ita hi secuti sunt prestantissimum atque optimum ducem etc.* ».

** Nel cod. *Epophori.*

desimi principali cittadini atti et intendenti al governo della republica.

Et cotesti tali officii con tanto studio ordine et diligenza reggano questa città, che mai niuna casa d'alcuno padre di famiglia con maggiore senno cura et sollicitudine fue governata. Per la quale cosa niuno puoe qui sofferire ingiuria, nè alcuno, se non volendo, perde il suo. Sempre sono apparechiati i giudici, apparechiati gli officii, la corte sempre aperta et sempre è aperto il supremo tribunale; sempre è libero a ciaschuna generacion d'uomini il potersi lamentare et dimandare ragione, et la corte di giustizia con prudensia et salute ordinata, sempre è apparechiata aitare ognuno. Nè è alcuno luogo in terra dove maggiore giustisia si trovi, nè in alchuno luogo appare tanta libertà, nè tra i maggiori et minori sì equale et pari conditione. Imperò che in questo si puoe cognoscere la prudenza di Firenze, et non so se la maggiore di tutte l'altre città; però che parendo i più potenti, nel suo potere et richezze confidandosi, volere offendere et dispregiare i minori, la republica ae in sè ricevute le cause de' men potenti, allo avere et persone de' quali chionque offende, ae poste gravi pene. Però che ae istimato essere ragionevile, che come le conditioni degl'uomini non sono equali, così nè ancho le pene siano equali; et giudicò apartenersi alla sua prudensia et giustisia aitare più quella parte, che più n'avea bizogno. Il perchè de'* diversi ordini è fatta una certa equalità, cioè che i maggiori da la loro possanza, et i minori dalla republica, et l'uno et l'altro da paura di pena et punissione sono difesi. Et da quinde è nata quella voce, la quale noi veggiamo

---

* Nel cod. *da*, nel testo lat. *ex*.

spessissime volte contra li più potenti essere levata;
però che quando minacciano i minori, promtissima-
mente rispondeno: et io ancora sono cittadino di Firenze. Per la quale voce paiano volere dire et publica-
mente avisare, che niuno vogli contendere contra lui
per la sua piccolezza, nè alcuno maggiore li minacci
d'ingiuria per la sua pozzanza, et che pari ène la con-
dissione di tutti, però che la republica ae preso vendi-
care li meno potenti. Aveggna ch'ella non solo diffenda
i cittadini, ma anco i forestieri, nè patisce che ad alcuno sia fatta ingiuria, ma sia cittadino o forestieri,
s'ingegna dare a ciascuno il suo. Et questa tanta giustisia et [e]qualità di questa città genera sì humanità
et dolcezza tra i cittadini, però che niuno può troppo
offendere o dispregiare altrui, sì anco verso ciascuno
grande benignità.

Ma ora la honestà della vita et a questo tempo il
bello oservare de' costumi, chi assai degnamente il
potrebbe racontare? Certamente in questa città sono
grandissimi ingegni, et qualumque chosa intrapren-
deno, avantaggiano il modo *di** tutti altri huomini.
Però che o si pongano al fatto d'armi, overo al governo della republica, o a lo studio et ad alcuna scien-
sia, o vero a la mercantia: in qualumque chosa o opera
si sia, avanzano tutti gli altri mortali. Nè lassa questa nobile gente de' Firentini cerchare ogni lontano
paese, pasienti di fatiche, presenti ne' pericoli, diside-
rosi di gloria, excellenti di senno, industriosi, liberali,
magnifici, allegri, affabili, et sopra tutto acostumati et
civili. Et che dirò io della dolcezza et suavità del parlare et della aleganza et politezza de' bei motti? nella

* Nel cod. *da*.

quale chosa senza contrasto alcuno avanza tutte l'altre, però che questa solo città in tutta Italia è stimata usare purissimo et pulitissimo parlare. Il perchè chionque vuole bene et cor[e]ttamente parlare, da questa sola città piglino exemplo, però ch'ella ac huomini in quello comune et volgare parlare sì exercitati, che al loro rispetto tutti gli altri paiano essere fanciulli. Et quello studio di lèttore, che non sciocco, vile o mercenario, anzi che è maximamente degno d'uomini liberi, il quale presso a ogni nobile principe et ogni famoso populo sempre s'è trovato florido, in essa si trova con vigore.

Di quale adomque adornamento à bizogno questa città? overo, che gli mancha a sua loda et magnificensia? Diremo noi che nobilità di progenie, la quale è nata dal populo romano? Direm noi, che honore et gloria, le quali sì preclare chose con tanta industria et virtue dentro et di fuori ae dimostrato et ogni dì dimostra? Direm noi, che splendore di edificii? overo ornamenti? overo politezza? Direm noi richezze o moltitudine di populo? Direm noi dolcezza diletto o sanità de' luoghi? o altra alcuna cosa che una città possi desiderare? Certo niuna cosa. Che adomque più direm noi? overo qual cosa ci resta a fare? quale altra cosa, se non per tanto beneficio honorare et pregare il sommo Dio? Tu adomque, omnipotente et inmortale Idio, le sacre chiese et altari del quale questo tuo populo firentino con grandissima reverensia et *ragione** honora; et tu, San-

---

* Nel cod. *regione.*

tissima Madre, alla quale sì grande et magnifico tempio di puro et polito marmo in questa città si edifica, et che abracciato tenendo il tuo dolcissimo figliuolo, sei medezima madre et purissima vergine; et tu, santissimo Giovanni Baptista, che sei per questa città in patrone adoptato, questa bellissima et ornatissima città et il suo populo da ogni male et aversità vogli diffendere.

FINIS.

NOTE

—

1. Dal cod. Riccardiano 705, membr., sec. xv (mm. 210 X 150), carte 69, num. mod., delle quali le due ultime bianche. Contiene: c. 1r.-30r· Laudatio inclite urbis Florentie etc.; c. 32r.-67t. il volgarizzamento che qui si pubblica. Non essendovi altri codici, ho creduto bene di riprodurre, esattamente il testo dato dal solo codice che abbiamo; avrei dovuto altrimenti troppo modernizzare a causa delle incertezze e oscillazioni grafiche, le quali si susseguono anche nello stesso rigo, e togliere così al volgarizzamento quella patina del tempo che in parte costituisce il suo pregio. Però ho fatto, a scanso di pedanteria, le modificazioni seguenti:
— Ho sciolto il raddoppiamento sintattito: *a loro, a fare,* per *alloro affare* ecc.
— Ho scritto uniformemente *figliuolo, meraviglioso* ecc. per *figluolo, meravigloso* ecc., le quali forme si alternano con le prime.
— Ho scritto *ciascuno, conosciuti* ecc, per *ciscuno conosciuti* ecc.
— Ho inserito tra parentesi e in carattere corsivo *(che)* dopo il dimostrativo *quello,* con cui il nostro autore spesso traduce il relativo *qui.*
— Ho inserite tra parentesi quadra le lettere o sillabe tralasciate dal distratto amanuense.
— Ho segnato in nota qualche altra scorrezione o modificazione richiesta dalla chiarezza del discorso.
Ho tenuto a riscontro per la punteggiatura e per tutto ciò che riguarda l'intelligenza del testo l'originale latino del cod. Ricc. indicato, e ho confrontato in molti punti gli altri codici fiorentini contenenti la *Laudatio,* cioè: Riccard. 704, c. 93r e segg.; Riccard. 848 c. 72r.; Magliab. VII, 1162, c. 91r.; Laurenz. pl. 52, cod. 11, c. 1r.; Laur. pl. 65, cod. 15, c. 133t.; Laurenz. pl. 90 inf. cod. 13. c. 54r. Laur. Conv. Sopp. 1918, c. 1r.; Laur. Conv. Sopp. 1702, c. 1r.

2. PLUTARCO, *Apophtegmata regum etc.,* Didot, p. 206.

3. Cita da Aristide. Vedi Prefaz. p. XXXI. Cfr. *Iliade,* c. II, v. 278.

4. Accenna alle lunghe guerre contro il duca di Milano G. Galeazzo.

5. Per Milone da Cotrone vedi CICERONE, *Cato maior, de senectute,* IX. 33.

6. Vedi Prefazione, pag. XXIX.

7. PLATO, *de legibus,* lib. IV, 704 e seg. « πρόσοικος γάρ θάλαττα χώρα τὸ μὲν παρ' ἐκάστην ἡμέραν ἡδύ, μάλα γε μὴν ὄντως ἁλμυρὸν καὶ πικρὸν γειτόνημα ».

8. *Seneca,* Troad. 6.

9. *Aeneidos*, II, v. 254 e seg.

10. *Ibid.*, v. 374 e seg.

11. T. Livius, *ab urbe condita*, l. XXVIII, 46.

12. Modo retorico, usato spesso da Cicerone e da altri.

13. Per Caligola e Tiberio cfr. C. Svetonius, *Caius Caligula*, XXIV, XXX, *Tiberius Nero*, XLIII, XLIV.

14. Non so a quale autore il Bruni voglia alludere.

15. Tacito, *Histor.*, I, 1.

16. « Juravi lingua, mentem iniuratam gero » in Cicerone *De officiis*, III, 29,108, traduzione del verso 611 dell'Ippolito di Euripide.

17. Bruni, *Istoria fiorentina*, trad. di D. Acciaiuoli, Firenze 1861, p. 226.

18. *Ibid.*, p. 55.

19. *Ibid.*, p. 60.

20. *Ibid.*, libr. XII passim.

21. Cioè i Priori, i Buoni uomini, i Gonfalonieri delle compagnie.

22. Contro re Manfredi Urbano IV aveva chiamato Carlo, fratello del re di Francia.

23. Sulla istituzione de' Capitani di Parte Guelfa, vedi *Istor. fiorent.* p. 109, dove il Bruni, conforme alle più moderne ricerche, dichiara che la Parte Guelfa esisteva prima del 1267.

CPSIA information can be obtained
at www.ICGtesting.com
Printed in the USA
BVHW08s1237060818
523682BV00023B/1129/P